AF130889

Pia Luger

Ganz oder gar nicht –

Ein bisschen essgestört geht n(immer)

Alle Rechte der Verbreitung, auch durch Film, Funk und Fernsehen,
fotomechanische Wiedergabe, Tonträger, elektronische Datenträger und
auszugsweisen Nachdruck, sind vorbehalten.

Für den Inhalt und die Korrektur zeichnet der Autor verantwortlich.

© united p. c. Verlag

Gedruckt in der Europäischen Union auf umweltfreundlichem, chlor- und
säurefrei gebleichtem Papier.

www.united-pc.eu

Danksagung

Mit diesem Buch möchte ich meiner Familie danken.

Ihr habt über 20 Jahre nie die Hoffnung an mich aufgegeben, habt mich unterstützt und motiviert.

Danke Papa, dass du gerade als es immer sehr kritisch war, rund um die Uhr für mich da warst. Du hast nicht nur einmal lebenserhaltende Maßnahmen ergreifen müssen und musstest Aufgaben übernehmen, die ein Vater für seine Tochter nicht machen sollte. Mit und durch deine liebevolle Konsequenz und Härte habe ich es aber geschafft, dass ich heute an dem Punkt bin, ein glückliches, zufriedenes Leben führen zu können.

Ein besonderer Dank gilt auch Lea und meinem Bruder. Ihr hattet stets ein offenes Ohr für mich und meine Probleme und seid mir immer mit Rat und Tat zur Seite gestanden.

Danke Mama, auch wenn du nun nicht mehr unter uns bist, weiß ich, dass du mehrfach dein Händchen im Spiel hattest, dass ich heute doch noch am Leben bin!

Ein großes Danke geht auch an alle ÄrtzInnen, Therapeut*innen und Co-Therapeut*innen der Komplexstation der Spezialklinik für Essstörungen in Deutschland. Durch Ihre Hilfe habe ich es geschafft, die Essstörung hinter mir zu lassen.

Ich habe die Namen aller handelnden Personen abgeändert.

20 DINGE, DIE ICH AN DER ANOREXIA NERVOSA HASSE

1. Ich hasse es, versagt zu haben!

2. Ich hasse es, wieder ein Jahr verschissen zu haben!

3. Ich hasse es, so isoliert zu sein!

4. Ich hasse es, herumzulaufen, obwohl ich lieber relaxen möchte!

5. Ich hasse es, neben den anderen bei Pizza, Pasta, Kebap und Co zu sitzen und mich nicht zu trauen auch etwas davon zu essen!

6. Ich hasse es, zwei Hände beim Autofahren zum Schalten zu brauchen!

7. Ich hasse es, mich ständig zu verschlucken beziehungsweise gar nicht mehr schlucken zu können!

8. Ich hasse es, dass das Treppensteigen so anstrengend ist oder gar nicht mehr geht!

9. Ich hasse es, nicht in die Hocke gehen und wieder aufstehen zu können!

10. Ich hasse es, dass das Umdrehen im Bett so anstrengend ist und ich Hilfe brauche!

11. Ich hasse es, die Blicke und Kommentare anderer ertragen zu müssen!

12. Ich hasse es, nicht ausgelassen feiern zu können!

13. Ich hasse es, meine Familie und Bekannten enttäuscht zu haben!

14. Ich hasse es, bei Tiramisù (Eis) und jeglichen Creme Eissorten "NEIN" sagen zu müssen!

15. Ich hasse es, das Eis nicht in der Tüte, sondern immer im Becher zu essen!

16. Ich hasse es, Stunden im Supermarkt zu verbringen und Nährwerte zu studieren!

17. Ich hasse es, nicht nach meinem Appetit und meiner Lust, sondern nach den Nährwerten einzukaufen!

18. Ich hasse es, immer zum Billigsten zu greifen und nicht mal einfach das zu kaufen, was ich eigentlich möchte!

19. Ich hasse es, dass mich die Krankheit so in der Hand hat!

20. Aber am meisten hasse ich, dass ich die Krankheit nicht genug hassen kann, um sie endlich loszulassen!

Ganz oder gar nicht –

Ein bisschen essgestört geht n(immer)

Blaulicht, Sanitäter, Infusionen, fremde Leute ... wo bin ich? Was ist passiert? Mein Kopf tut weh!
Oh nein, jetzt fällt es mir wieder ein; ich habe mich doch nur kurz an den Straßenrand setzen wollen. Einfach nur ein bisschen ausruhen, bevor ich die letzten 300m nach Hause gehe. Und dann bin ich irgendwie im Sitzen nach hinten gekippt. Ja genau, jetzt weiß ich es wieder. Ich dachte sogar noch, „Autsch, das hat ein bisschen geknallt." Tja, und jetzt habe ich hier eine kleine Platzwunde.
Oh Gott, der Rettungshubschrauber wurde auch gerufen! Dabei ist es doch gar nicht so schlimm!!
Die Sanitäter wollen mich tatsächlich ins Krankenhaus bringen? Wieso denn? Ich habe doch nur eine kleine Platzwunde und ein bisschen Unterzucker – genau genommen 20 mol/dL – aber die Infusion hat eh schon Wirkung gezeigt. Ich will doch nur nach Hause, duschen, etwas zu essen und ins Bett gehen.
Na gut, ich willige ein und fahre mit. Aber über Nacht bleib ich nicht, das steht fest!

Im Krankenhaus angekommen, passiert zum Glück nicht viel. Meine kleine Platzwunde am Kopf wird mit einem Stich genäht und dann kann ich schon wieder nach Hause gehen. Ich lasse mir ein Taxi rufen und zahle 60€. Der Bus wäre zwar kostenlos, aber ich bin einfach zu schwach, um eine eineinhalbstündige Busfahrt auf mich zu nehmen.
Kurz vor 22:00 Uhr komme ich dann endlich zu Hause an, nehme mein Handy aus der Tasche und sehe fünf Anrufe in Abwesenheit von meiner Schwester und vier ungelesene Nachrichten; ebenfalls von ihr. Oh nein! Auf sie habe ich komplett vergessen. Toll, was soll ich ihr nur sagen? Ohne groß nachzudenken, rufe ich sie einfach schnell zurück. Vielleicht kann ich das Telefonat ganz kurzhalten und ihr sagen, dass ich müde bin und nur noch ins Bett möchte. Vielleicht schläft sie ja auch schon und hebt gar nicht mehr ab.

Es läutet.

„Ines, was ist passiert? Ich weiß, dass der Rettungshubschrauber deinetwegen hier gelandet ist! Bist du jetzt zu Hause? Was hast du nur wieder angerichtet? Hast du mal wieder nichts gegessen oder getrunken? Wo bist du jetzt? Ich habe mir große Sorgen gemacht! Warum hast du nicht abgehoben? Warum meldest du dich erst jetzt?"

Wow, das war mal eine nette Begrüßung dachte ich mir, aber um ehrlich zu sein hat sie recht!

„Es tut mir leid Lea! Ich weiß nicht was passiert ist. Oder doch, ich weiß es schon! Ich weiß nur nicht, warum oder was ich falsch gemacht habe. Ich habe doch noch eine Semmel gegessen, als ich aus dem Bus gestiegen bin. Ich habe mich dann einfach nur kurz an den Straßenrand gesetzt und bin dann einfach aus Erschöpfung und Übermüdung umgefallen. Also nein, ich bin nicht umgefallen; ich habe mich eher im Sitzen auf den Boden gelegt. Ich war nur müde und wollte schlafen."

„Und was hast du tagsüber außer der Semmel noch gegessen?"

„Mann Lea, lass mich in Ruhe. Es tut mir leid, ich wollte dir wirklich keine Sorgen machen! Ja, ich habe mal wieder Mist gebaut. Es ist mir mehr als unangenehm und peinlich. Lass uns nur bitte morgen darüber reden. Ich möchte jetzt noch etwas essen und dann ins Bett gehen. Ich bin echt fertig und kann nicht mehr. Ich gehe morgen auch nicht zur Arbeit. Ich melde mich, sobald ich munter bin. Mach dir bitte keine Gedanken mehr, es geht mir wieder gut!"

Es geht mir „gut" ... haha ..., wenn sie wüsste, wie beschissen es mir wirklich geht. Mir ist schlecht, ich friere so stark, ich bin so schwach, mir ist schwindelig. Ich kann einfach nicht mehr. Was macht mein Körper nur gerade?

Todmüde falle ich dann ins Bett und wache sechs Stunden später schon wieder auf. Es ist jetzt 06:00 Uhr. Warum kann ich denn nicht länger schlafen? Klar, weil meine Gedanken sich schon wieder nur um das Essen drehen. Ich schau auf mein Handy und sehe schon wieder drei ungelesene Nachrichten. Zwei von meiner Schwester, eine von meinem Papa.
Mein Papa möchte wissen, ob alles okay ist und wünscht mir einen schönen Tag und meine Schwester fragt nach meinem Blutzucker und meinem Allgemeinzustand.
Lieb, dass alle fragen. Ich möchte nur einfach meine Ruhe haben und nicht Rede und Antwort stehen müssen.

Es geht mir nach wie vor echt mies. Nur, wie soll ich ihnen das sagen? Ich möchte ihnen nicht noch mehr Sorgen machen, als sie eh schon haben.
Mann Ines, warum bekommst du es nicht einfach besser auf die Reihe?

Na gut, ich weihe meinen Papa, der gerade beruflich im Ausland ist, in alles ein, gestehe den Mist, den ich gestern wieder gebaut habe, schwäche die Situation ein bisschen ab, indem ich meine Stimme verstelle, lache und ganz positiv und energiegeladen versuche zu klingen. Natürlich verspreche ich ihm auch, dass ich mich den Tag über schone, ihm immer wieder Blutzuckermessergebnisse schicke und esse.
Mit Ausnahme der Nahrungsaufnahme halte ich auch alles brav ein. Nachdem ich mich zu einer kleinen trockenen Scheibe Brot gezwungen habe, schlafe ich auf der Couch erneut für zwei Stunden ein. Als ich aufwache, rufe ich Lea an. Irgendwie hätte ich sie gerne bei mir, bloß ich weiß auch, dass sie mit der gesamten Situation überfordert ist und schon gar keine Lust mehr auf den

ganzen Mist mit mir hat. Verständlich, dennoch fühle ich mich so allein und einsam.

Papa hat mir versprochen, abends zu mir zu kommen. Ich bin sehr froh darüber, denn den ganzen Tag so vollkommen allein zu sein, ist für mich gar nicht fein. Gleichzeitig fühle ich mich einfach nicht wohl; mir ist ständig übel, ich bin unglaublich schwach und ich habe solche Angst. Aber zugeben und offen ansprechen? - Nein, lieber nicht! Das würde nur noch mehr Aufsehen erregen und ich würde meine Schwäche preisgeben. Diese Peinlichkeit möchte ich mir lieber ersparen.

16:00 Uhr; Papa kommt endlich vorbei. Oje, in seinem Gesicht sieht man schon klar und deutlich, welch große Sorgen er sich meinetwegen macht. Was habe ich nur angerichtet? Nach einem kurzen Gespräch fahren wir noch ein bisschen etwas einkaufen, sodass ich die nächsten Tage auskomme, ohne das Haus verlassen zu müssen. Denn Kraft habe ich kaum und zusätzlich liegt sehr viel Schnee, sodass jeder Schritt, den ich allein draußen gehe, eigentlich riskant ist.
Mit dem Kauf der Lebensmittel bin ich zwar zufrieden, allerdings bringt es die nächste Peinlichkeit mit sich. Mit 20 Gläsern Babynahrung, von herzhaft bis süß, von Frühstück über Mittagessen, verlassen wir das Geschäft und fahren nach Hause.
Warum Babynahrung? – Weil mein Schluckmuskel mittlerweile so schwach ist, dass ich kaum mehr schlucken kann, beziehungsweise mit fester Nahrung große Probleme habe. Umso weicher, umso breiiger – desto besser.
Als wir nach Hause kommen, bin ich so k.o. Ich kann nicht mehr! Aber zugeben? – Niemals.
„Klar kannst du noch arbeiten Papa! Ich kümmere mich so lange um das Abendessen und um 19:00 Uhr können wir essen."

18:45 Uhr; ich fühl mich so schwach.

Was soll ich nur tun? Was ist los mit mir? Es gibt eh bald ein Essen! Die letzten 15 Minuten schaffst du schon noch.

Ofen an, Kartoffeln rein. Genau 100g, nur kein Gramm mehr hat mein Erdapfel. Denn dazu gibt es ja noch Schnittlauchtopfen und Salat. Ich könnte mal wieder Blutzucker messen, vielleicht hängt es damit zusammen, dass es mir so schlecht geht. Ein Tropfen Blut und schon bin ich schlauer; das Gerät zeigt einen Wert von 14 mol/dL an. Oh!! So wenig hatte ich noch nie! Ich versuche langsam in die Küche zurückzugehen, um die restlichen paar Handgriffe für das Nachtmahl zu erledigen, damit wir bald essen können. Gott sei Dank kommt Papa in dem Moment in die Küche. Ich hänge nur noch über der Arbeitsfläche, kann mich kaum aufrecht halten. Mir geht es so unendlich schlecht, ich habe null Kraft, ich höre nichts mehr, ich sehe nichts mehr. Was ist nur los?

Cut; nicht lange, aber für kurze Zeit habe ich ein Blackout. Ich bekomme immer wieder kleine Bruchteile mit, aber habe dennoch Erinnerungslücken.
Ich liege irgendwo am Boden; Papa beatmet mich; ich will ihm sagen, dass er das nicht machen müsse, denn ich atme selbst, bin aber zu schwach, um ihm das zu vermitteln.
Cut; Sanitäter, Infusionen, grelles Licht, Sauerstoffmaske.
Oh nein, was habe ich nun schon wieder angestellt?
„Ines, wir bringen dich jetzt ins Krankenhaus, da wirst du erst mal durchgecheckt."
„OK, aber bitte schaut, dass mich keiner sieht, wenn ihr mich die drei Etagen im Haus runtertragt. Ich möchte nicht, dass die Nachbarn noch mehr mitbekommen. Es reicht schon, dass sie die zwei Rettungswägen vor dem Haus sehen."

Im Rettungswagen rede ich wie ein Wasserfall. Nein, ich spreche nicht, ich lalle. Ich artikuliere, als hätte ich einen Vollrausch. Ich versuche dem Notarzt zu verdeutlichen, wie unendlich peinlich mir die ganze Situation ist, wie sehr ich mich schäme und wie beschissen ich das alles empfinde. Diese scheiß Essstörung ist so hinterhältig! Ich hasse sie so sehr, kann sie aber nicht loslassen. Ich bin gefangen und weiß, dass sie mich umbringen wird, aber ich habe keine Kraft mehr, allein dagegen anzukämpfen. Ja, ich bin bereits für die Spezialklinik für Essstörungen in Prien am Chiemsee angemeldet. Nur weiß ich leider nicht wie lange es noch dauert, bis ich aufgenommen werde.

Im Krankenhaus können sie sich natürlich noch an mich erinnern. Ich war ja erst gestern hier. Gegen eine stationäre Aufnahme habe ich vorerst nichts einzuwenden. Ich kann einfach nicht mehr und möchte nur noch schlafen.
Ich habe sogar das Glück, als Kassenpatientin auf die Sonderklasse zu kommen, da kein anderes Bett frei ist. Die Schwester ist allerdings nicht sehr erfreut um 23:30 Uhr noch eine Patientin aufnehmen zu müssen und lässt mich dies auch spüren.

Eh schon mehr als schwach, versuche ich mich, nach einem kleinen Abendessen, irgendwie umzuziehen, was aber eindeutig misslingt. In Alltagskleidung lege ich mich dann einfach nur noch ins Bett und versuche zu schlafen. Die nächsten zwei Tage verbringe ich dann im Krankenhaus. Außer Glucose Infusionen und Stabilisierung meines Blutzuckers wird nichts gemacht. Selbst die so lebensnotwenige Zuckerlösung versuche ich auf das Minimum zu reduzieren.

100 kcal. Das ist viel zu viel! Wenn die gesamte Lösung schnell in meinen Körper fließt, droht mir eine weitere

Flasche. Dann würden eventuell noch einmal 100 kcal on top dazukommen. Das geht definitiv nicht. Wie soll ich denn dann abends noch etwas essen? Gerade auf das freue ich mich doch den ganzen Tag über am meisten.

Ich weiß genau, wann die PflegerInnen zum Zuckermessen kommen. Kurz davor drehe ich die Infusion komplett auf, sodass die Glucose schnell in meinen Körper fließt und der Wert im Normalbereich ist. Sobald die Messung erfolgt ist, drehe ich das Rad am Infusionsständer wieder auf ganz klein, sodass die Tropfen nur äußert langsam in meine Venen fließen.
Meine Blutwerte sind schlecht, meine Leberwerte katastrophal. Nach zwei Tagen entlasse ich mich selbst; ich möchte einfach nur noch nach Hause.

Übers Wochenende nach Hause, das ist es, was ich oder besser gesagt, was die Essstörung möchte. Zuckermessen und immer wieder eine Kleinigkeit essen, kann ich daheim auch. Auf Spazierengehen, oder das Haus verlassen habe ich eh keine Lust mehr. Mein Bewegungsdrang ist verschwunden.
Ist er wirklich verschwunden, oder ist mein Kopf Grund dafür, dass ich mir selbst verbiete, Sport zu betreiben; endlos lange Runden zu Fuß zu drehen, Inline zu skaten oder Rad zu fahren? Wissend, dass es in dem aktuellen Gewichtsbereich wirklich tödlich ist?

Egal, was auch immer der Grund für den plötzlichen Sinneswandel ist, es ist momentan nicht so wichtig. Hauptsache ich bleibe in meinen vier Wänden und versuche, so wenig wie möglich zu tun. Die Kraft fehlt ohnedies komplett, wenngleich ich es niemals zugeben würde.

Die nächsten zwei Tage sind ziemlich langweilig. Ich bin die meiste Zeit alleine in meiner Wohnung, häkle, schlafe oder packe meine Koffer. Wofür? – Weil ich täglich auf den Anruf der Klinik hoffe, mit der Zusage morgen stationär aufgenommen zu werden. Ich möchte einfach nur endlich in Sicherheit sein. Den Kampf gegen diese doofe Essstörung aufzunehmen um mich wieder zurück ins Leben kämpfen; das ist mein innigster Wunsch.

Papa kommt immer wieder nach der Arbeit vorbei. An einem Tag koche ich etwas zu Mittag. Selbst esse ich davon nur eine sehr kleine Menge, versuche den Rest, den ich zu viel gekocht habe auf meine Schwester und meinem Papa aufzuteilen, nur um nicht Gefahr zu laufen, aus lauter Appetit zu viel von dem guten Gericht zu verspeisen.

Warum habe ich nur so dumme Gedanken?
Was wäre denn so schlimm daran, wenn ich eine normale Portion essen würde? Sobald ich in der Klinik bin, muss ich das sowieso machen.

Einerseits scheue ich mich davor und habe Angst, andererseits sehne ich mich nach einer warmen, sättigenden Mahlzeit. Dieses ständige Magenknurren, der permanente Hunger, die körperliche Schwäche, das dauernde Gedankenkreisen über diverse Nahrungsmittel; all das ist so unglaublich nervig! Ich möchte endlich ein freies, unbeschwertes Leben führen. Ich möchte nicht ständig über Kalorien, Essen und Sport nachdenken müssen.

Samstagmorgen. Wie versprochen sende ich Papa neben den zwei Blutzuckerwerten der Nacht auch den Nüchternwert um 8:00 Uhr früh. Der Wert ist auf 24 mol/dL. Aber selbst merke ich nichts davon. Eine Stunde später kommt Papa zum Frühstück. Natürlich achte ich auch hierbei wieder total auf die mir selbst auferlegte maximale Kalorienaufnahme. Das Frühstück darf die 100 kcal – Grenze auf keinen Fall überschreiten. Alles andere würde mich komplett überfordern und ein totales Durcheinander in meinen Tages-Essens-Ablauf bringen. Sehnen würde ich mich dennoch nach mehr; nach etwas Nahrhaftem, nach dem Gefühl gesättigt zu sein. Während des Frühstücks versucht Papa mir schonend seine Gedanken oder besser gesagt seine Bitte mitzuteilen. Er würde sich wohler fühlen, wenn ich die Zeit bis zur stationären Aufnahme in der Klinik, im Krankenhaus überbrücke. Komplett zu seiner Verwunderung stimme ich ohne Wenn und Aber zu. Ich würde mich auch wohler fühlen. Ja, denn ich habe Angst. Täglich plagen mich die Gedanken, ob ich es schaffe, ob mein Körper durchhält, ob ich eh nicht irgendwie unglücklich in der Wohnung stolpere und hinfalle. Denn wenn, würde ich alleine nicht mehr aufkommen. Also stimme ich zu. Wir frühstücken fertig, packen die restlichen Sachen für den stationären Aufenthalt in der Klinik für Essstörungen und ein paar Sachen für die kurze Überbrückungs-Aufnahme zusammen und machen uns dann auf den Weg ins Krankenhaus.

Klar habe ich Angst, denn das Personal, die Ärzt*innen, die Pflege sind teilweise sehr ungut, da sie sich mit Essstörungen kaum bis gar nicht auskennen und oft der Meinung sind, ich müsse doch nur essen und solle mich nicht so dumm anstellen. Gleichzeitig weiß ich, dass es die einzig richtige Entscheidung ist. Denn im Krankenhaus bin ich in Sicherheit, zumindest mehr als alleine in meiner Wohnung.

Ich bekomme das letzte Zimmer, ein Einzelzimmer. Einerseits freue ich mich, andererseits ist es doch ziemlich langweilig, so gar keine Konversation führen zu können. Des Weiteren ist in dem Zimmer, außer einem Bett nichts. Kein Badezimmer, keine Dusche, kein WC.

Was soll's. Ich werde die paar Tage schon durchstehen. Besser diese Situation aushalten, als Gefahr zu laufen, wegen des Unterzuckers alleine in der Wohnung zu kollabieren und nicht mehr aufzuwachen.

Das Wochenende und die kommenden Tage sind sehr langweilig. Außer alleine im Zimmer sein, immer wieder mal Blutzucker messen oder eine Glucose Infusion zu bekommen, tut sich nichts. Das Highlight jeden Tages ist der Besuch von Papa, der mich auch gut mit Semmeln, Wurst und Joghurt ausstattet. Denn die Ärzt*innen sind der Meinung, ich dürfe nur noch parenteral, also künstlich über die Vene, ernährt werden.

Nein, bestimmt nicht! Alles nur das nicht! Ich möchte essen! Ich schaffe es zwar nicht, die ausreichende Menge an Kalorien zu mir zu nehmen, aber zumindest das, was ich mental zu Stande bringe, möchte ich in Form von fester Nahrung aufnehmen! Diese parenteralen Ernährungen hatte ich schon zur Genüge, daher kann und will ich sie nicht mehr sehen!

Demnach ist meine Fensterbank voll mit Lebensmitteln, die ich abends dann konsumiere. Warum nur abends? Weil ich es einfach nicht auf die Reihe bekomme, trotz Hungers auch untertags etwas zu essen. Trotz Hungers kann ich mich einfach nicht gegen die Stimme wehren und schon nach dem Aufstehen etwas essen. Es ist so schrecklich, ich möchte! Der Magen knurrt. Was mache ich? – Hole mir maximal einen Tee (ungezuckert natürlich) und versuche mich abzulenken. Früher bin ich spazieren gegangen oder habe anderen Sport betrieben, wenn der Magen knurrte und eigentlich etwas Nahrhaftes wollte. Jetzt bin ich zu schwach und lenke mich mit Französisch lernen oder häkeln ab. Wirklich eine sehr „tolle" Methode, die mich dem Tod stündlich näher bringt...
Abends bekomme ich dann immer Panik von meinem Anblick, fange an zu weinen und habe Angst, die Nacht nicht zu überleben. Dank Papas enormer mentaler Unterstützung schaffe ich es aber durchzuhalten, bis drei Tage später, während der Visite der erlösende Anruf der

Spezialklinik für Essstörungen in Deutschland kommt. In zwei Tagen kann ich stationär aufgenommen werde. Oh mein Gott, bin ich erleichtert!

Ich entlasse mich, die Ärztin ist sowieso mehr als dankbar dafür, denn sie wollte mich aus Angst meiner Leberwerte wegen lieber auf eine andere Station verlegen. Tja, nun komme ich ihr zuvor, gehe nach Hause, verbringe den letzten Abend in meiner Wohnung und bin einfach nur glücklich.

Nächsten Tag kommt Papa zum Frühstück. Hernach machen wir uns auf den Weg, ab nach Prien am Chiemsee. Eigentlich eine schöne Urlaubsdestination. Für mich wartet hier allerdings harte Arbeit! Dennoch freue ich mich auf den, wenn auch steinigen, Weg, der mich hoffentlich endlich weg von der Krankheit und hinein in ein glückliches Leben führt.

Voller Scham und Selbsthass, dass ich es wieder nicht geschafft habe, betrete ich die Klinik schon zum dritten Mal. Ich werde von Frau Luna – einer Co Therapeutin (so werden hier die „Schwestern" und „Pfleger" genannt) an der Rezeption abgeholt. Bevor ich noch „Hallo" sage, entschuldige ich mich sofort, dass ich schon wieder hier bin und es nicht alleine zu Hause geschafft habe. Der letzte Aufenthalt beziehungsweise die letzte Entlassung ist erst sieben Monate her. Innerhalb dieser Zeit habe ich leider 16kg abgenommen. Richtig beschämend.

In unserem ersten kurzen Gespräch unter vier Augen vertraue ich ihr sofort meine drei letzten Geheimnisse an, die mich definitiv daran hindern, die Essstörung loszulassen. Die letzten beiden Aufenthalte dachte ich mir immer, diese Sachen noch für mich behalten zu können, mir ein bisschen Essstörung aufheben zu dürfen.

Tja, so funktioniert es aber nicht. Ein bisschen Essstörung behalten? – Nein! Ganz oder gar nicht! Essstörung aufgeben oder nicht! Ein bisschen Essstörung geht nicht!

Das habe ich die letzten sieben Monate feststellen müssen. Ich kann also weiter die Geheimnisse für mich behalten, oder – wie ich es tue – die Therapeutin einweihen, ihr mein Fehlverhalten, welches ich immer wieder auch während der letzten Aufenthalte getrieben habe, anvertrauen und sie um Hilfe bitten. Bitten, mich dabei mit Kontrollen zu unterstützen, dies nicht mehr zu tun. Nur so, mit kompletter Ehrlichkeit und Transparenz, kann ich es schaffen, die Essstörung endlich in Griff zu bekommen!

Es ist mir mehr als peinlich, dennoch spreche ich offen mit ihr.
„Bitte helfen Sie mir Frau Luna", ich möchte von den Sachen wegkommen. Ich schäme mich so sehr dafür, aber ich habe in den letzten Aufenthalten immer wieder Mist gebaut. Ich habe nahezu immer gegen den Bewegungsvertrag verstoßen, bin weit mehr spazieren gewesen, als ich hätte dürfen und war stundenlang unterwegs. Bitte haben Sie hier ein Auge drauf und unterstützen Sie mich, wenn der Bewegungsdrang zurückkommt. Derzeit ist er zum Glück nicht vorhanden und ich setze mich auch freiwillig in den Rollstuhl.
Den Rollstuhltest brauche ich gar nicht zu machen, den bestehe ich auf keinen Fall. Um ihn positiv zu absolvieren, müsste ich in die Hocke gehen können und wieder hochkommen sowie mich im Bett ohne Hilfe aufsetzen können. Ich weiß, dass dies momentan unmöglich ist. Außerdem möchte ich mich komplett schonen, denn mein Körper kann nicht mehr und ich will ihm in keiner Weise mehr schaden. Ich bin froh, die letzten Tage überlebt zu haben, bis ich hier aufgenommen wurde.
Des Weiteren habe ich die letzten Aufenthalte immer wieder zugetrunken, um mein Gewicht zu beeinflussen. Die Manipulation hat mir geholfen, Essenssteigerungen zu umgehen. Tja und da bin ich bei dem letzten Punkt, welcher mir definitiv am unangenehmsten ist; das drei

Liter Wasser trinken vor dem Wiegen war leider notwendig, weil ich trotz dreifacher Essenssteigerungen nicht die erforderliche wöchentliche Gewichtszunahme von 700g erreicht hatte. Grund dafür ist, weil ich das Essen oft nicht runtergeschluckt, sondern gerne (vor allem Butter und Salatdressing) in die Serviette gespuckt habe. Es ist so beschämend! Auf der anderen Seite der Welt verhungern die Kinder und was mache ich? Ich hätte Nahrung zur Verfügung, kaue sie und spucke sie wieder aus. Jedes Mal, wenn ich das tat, habe ich mich so geschämt und mich selbst noch mehr verabscheut und gehasst. Aber ich konnte es nicht lassen. Also bitte Frau Luna. Ich werde ab der ersten Mahlzeit nur EINE Serviette am Tisch liegen haben und ohne Taschentücher in den Hosentaschen zum Essen erscheinen. Ich bitte Sie, gerne immer wieder mal Stichproben zu machen. Sie können jederzeit meine Taschen kontrollieren, Sie können mich Zwischenwiegen. Ich bin für alles offen! Ich möchte nicht mehr betrügen und bin Ihnen und dem gesamten Team unendlich dankbar, eine dritte Chance bekommen zu haben. Ich möchte alles daran setzen die Krankheit hinter mir zu lassen und nicht mehr ihre Marionette zu sein!"

„Ines, ich danke Ihnen für Ihre Ehrlichkeit und wir werden Sie unterstützen. Schön, dass Sie wieder gekommen sind und es diesmal hoffentlich schaffen, die Essstörung hier zu lassen und ohne sie nach Hause zu gehen."

„Vielen Dank für Ihre Hilfe! Ich habe diesmal wirklich vor, alles zu tun, um endlich frei sein zu können! Ich kann und will nicht mehr. Ich habe keine Kraft mehr gegen die Anorexie zu kämpfen. Daher auch gleich die Frage; mein Mittagessen war bestimmt zu wenig. Darf ich freiwillig an der Zwischenmahlzeit teilnehmen?"

„Natürlich, und außerdem ist Ihr Blutzucker sowieso zu niedrig. Sie nehmen auf alle Fälle daran teil."

Für kurze Zeit kommt Panik hoch – *was wird es wohl geben*? Andererseits verspüre ich Freude; endlich etwas essen! Endlich Kuchen oder dergleichen. Komme was wolle, ich esse es, freue mich darüber und versuche den Geschmack wahrzunehmen.

Krapfen und Schokopudding. Tja, beides Sachen, vor denen ich oder besser gesagt die Essstörung, Angst haben. Wann habe ich meinen letzten Krapfen gegessen? Das ist bestimmt schon zehn Jahre her. Vielleicht auch länger. Egal, ich esse ihn. Und um ehrlich zu sein, schmeckt er ganz gut. Genauso lecker wie der Schokopudding; auch wenn ich nicht gerade der große Schokoladenfan bin. Macht nichts; schmecken tut er.

Voller Scham und Selbsthass beziehe ich mein Zimmer. Die übliche Kofferkontrolle verläuft problemlos. Da ich ja schon zum dritten Mal hier bin, weiß ich inzwischen, was ich mitnehmen darf und was nicht.

17:00 Uhr; Abendessen. Da ich Rollstuhl, Badschutz und Monitor habe, werde ich vom Zimmer abgeholt. Badschutz bedeutet, ich darf nicht alleine ins Badezimmer gehen und es muss immer ein Co-Therapeut oder Therapeutin vor der Türe stehen, wenn ich auf die Toilette muss, Zähneputzen oder duschen möchte. Schon sehr komisch und unangenehm, aber es ist gut so und dient der eigenen Sicherheit. Auch wenn man/ich das in dem Moment nicht so sehen möchte. Ich weiß, wie gut und geschult das Personal hier ist, also hat das alles seine Richtigkeit.

Am Tisch findet das schon bekannte „Blitzlicht" statt. Zu Beginn sagt jeder „Ich esse meine Richtmenge und fühle mich ...". Das soll dabei helfen, schon mit der Einstellung an die Mahlzeit zu gehen, es aufessen zu wollen. Auch das Benennen der derzeitigen Stimmung ist gut, denn man soll hier auch lernen, die Gefühle vom Essen zu trennen.

Egal ob man fröhlich, traurig, wütend, frustriert, verzweifelt oder angespannt ist; Essen ist notwendig! Egal wie man sich fühlt! Der Körper braucht Nahrung.

Etwas Angst habe ich schon vor der Mahlzeit und ich habe die Co-Therapeutin auch darüber informiert, dass ich zum einen kaum Kraft in den Händen habe und somit das Schmieren der Brote sehr schwer ist, zum anderen mein Schluckmuskel so schwach ist, dass es mir schwerfällt, feste Nahrung zu mir zu nehmen. Dennoch schaffe ich es in den vorgegebenen 30 Minuten meine Richtmenge zu essen.

Beendet wird die Mahlzeit, indem wieder jeder vom Tisch das Abschlussblitzlicht sagt: „Ich habe meine Richtmenge (nicht) gegessen und fühle mich jetzt…".

Tja, wie fühle ich mich? Keine Ahnung. Voller Scham und Selbsthass, dass ich hier so viele Umstände mache, dass ich wieder hier bin, dass ich ein kompletter Krüppel bin, der sich nicht einmal alleine die Hose ausziehen kann, der es nicht schafft, sich im Bett alleine umzudrehen und völlig schwach und kraftlos ist. Nur sollte ich das sagen? Nein.

Also sage ich einfach nur „Ich habe meine Richtmenge gegessen und bin gerade gefühlslos."

Der nächste Morgen beginnt mit einer weiteren Demütigung für mich. Um 06:40 Uhr heißt es ab zum Wiegen. Ich möchte gar nicht wissen, wie wenig ich wiege. Dennoch schaffe ich es nicht, nicht hinzusehen. 26,2kg; oh mein Gott. Wie konnte es die letzte Zeit so schnell runtergehen?

Okay; die Peinlichkeit ist eh nicht mehr zu toppen, nun ist auch mein Minimalgewicht bekannt. Ab jetzt heißt es Kämpfen, ehrlich sein, sich Hilfe holen, wenn nötig, und den Weg in ein gesundes Leben zu beginnen.

Die kommenden Tage gestalten sich doch schwieriger als gedacht. Mein Körper ist mit der plötzlichen Nahrungsaufnahme restlos überfordert. Ich bekomme Fieber, spucke Blut, habe Durchfall und bin vollkommen am Ende. Ich schlafe den ganzen Tag, kann mich vor lauter Schwäche beim Essen kaum aufrecht am Stuhl halten. Die Co-Therapeut*innen und Wochenend-Ärzt*innen sind etwas ratlos und überfordert, denn keiner weiß so recht, was mit mir los ist.

Zwei Tage später geht es mir ein klein wenig besser und ich erfahre von meinem behandelnden Arzt, dass ich sehr knapp am Refeeding Syndrom vorbei geschlittert bin.

Das Refeeding Syndrom ist eine sehr gefährliche Begleiterscheinung, die im Zuge der Widererährung auftreten kann. Hierbei kann es aufgrund eines entstehenden Ungleichgewichts der intra- und extrazellulären Elektrolytkonzentration bis zum Herzversagen kommen.

Mein Körper ist schon ein Wunder, denk ich mir dann ein paar Tage später. Wahnsinn, was der alles schafft.

Innerhalb von zwei Wochen haben sich meine Leberwerte vom vier-stelligen Bereich auf den zwei-stelligen Normbereich stabilisiert und auch die restlichen Blutwerte werden laufend besser. Nach einer Woche bin ich sogar schon den Rollstuhl los, nach zwei Wochen bekomme ich meinen ersten Ausgang. Täglich 15 Minuten in Begleitung und vorerst noch mit Rollator, darf ich an die frische Luft. Herrlich. Ich freue mich riesig. Auch der Badschutz ist weg und ich darf endlich alleine duschen und auf die Toilette gehen. Wie toll!

Nur mit den Wassereinlagerungen kämpfe ich etwas. Täglich geht das Gewicht hoch; kein Stillstand in Sicht. Meine Gewichtskurve explodiert! Das wöchentliche Soll von 700g Minimum habe ich bei weitem überschritten.

Meine Therapeutin versucht mich zu beruhigen, in dem sie mit mir eine BIA-Messung (Bioelektrische Impedanzanalyse) macht. Hierbei wird unter anderem Muskelmasse, Fettmasse und Körperwasser bestimmt. Die Messung zeigt deutlich einen erhöhten Wasseranteil im Körper. Etwas beruhigt gehe ich aus dieser Stunde. Es ist für den Kopf einfacher, wenn man es Schwarz auf Weiß hat, dass man Wasser einlagert, als wenn man es sich nur selber sagt. Es ist schon klar, dass ich an Gewicht zulegen muss und auch möchte, aber lieber ist es mir natürlich, wenn es etwas langsamer geht und vor allem ohne Wasser. Also richtiges Gewicht wäre wünschenswert. Aber klar, der Körper ist keine Maschine und nur weil ich bei den letzten beiden Aufenthalten nie so viel an Wasser eingelagert habe, heißt es jetzt nicht, dass es diesmal auch so ist. Umso länger man die Krankheit hat, umso schneller man abnimmt, umso stärker sind auch die Nebenwirkungen beim Wieder-Zunehmen. Und genau das erfahre ich jetzt und da muss ich nun mal durch.

Die Gewichtskurve besteht aus drei Bereichen; dem roten Bereich (weniger als 700g Zunahme pro Woche), dem grünen Bereich (700g bis 2kg Zunahme pro Woche) und dem goldenen Bereich (mehr als 2kg Gewichtszunahme pro Woche). Durch die Wassereinlagerungen bin ich ziemlich schnell im goldenen Bereich angelangt. Fühl ich mich dort wohl? – NEIN!

Wenn die Zunahme in der Schnelligkeit weitergeht, kann ich in zwei Monaten schon auf die weiterführende Station wechseln und in vier Monaten nach Hause gehen. Super!

Auch wenn alle meinen, dass es irgendwann stagnieren wird; glauben kann ich es derzeit nicht!

So vergehen die Tage doch wie im Fluge. Drei Wochen nach dem ich aufgenommen wurde. Ist schon der Heilige

Abend. Und gegen jegliche Erwartung und Hoffnung darf ich doch tatsächlich mit Papa und meiner Schwester Essen gehen. Ich freue mich richtig darauf. Endlich einmal rauskommen. Das Essen ist für mich schon mit einigen Herausforderungen verbunden. Dennoch denke ich, es ganz gut geschafft zu haben. Ich bekomme unglaublich tolle und herzliche Geschenke und bin doch ziemlich traurig, als sich die beiden wieder auf den Weg nach Hause machen.

Wieder zurück in der Klinik, versuche ich mich mit meinem neuen Hobby – dem Dartspielen abzulenken. Gelingt nur bedingt, aber zumindest kann ich so die Zeit ein bisschen schneller totschlagen.
Die Weihnachtsfeiertage sind schon ziemlich öd. Die Tage vergehen sehr langsam. Das viele Alleinsein ist ziemlich belastend und macht mich ein bisschen traurig. Klar, eigentlich sollte ich nur glücklich, dankbar und froh sein, dass ich dieses Weihnachten heuer erleben darf! Und trotzdem ist ein bisschen Wehmut dabei.
Andererseits ist es vielleicht auch gut so, denn dadurch bemerke ich, was mir fehlt, wonach ich mich sehne. Und dieses Wissen hilft wiederum, mein Ziel nicht aus den Augen zu verlieren; weiter gegen die Essstörung zu kämpfen um irgendwann, in naher Zukunft, ein unbeschwertes und freies Leben führen zu können, wo ICH, und nicht diese verdammte Essstörung, das Zepter in der Hand habe!

Bekanntlicherweise kommt nach jedem Hoch ein Tief. So sollte es auch bei mir am 26. Dezember sein.
Wie jeden Feiertag oder Wochenende besucht mich Papa wieder. Wir wollen in den Wald gehen, ein bisschen reden und danach eventuell noch einen Kaffee trinken, bevor er wieder nach Hause fährt. Also einen schönen Plan hätten wir schon mal. Tja, nur leider wird daraus nichts. Brav wie ich bin, gehe ich mit dem Rollator mit Papa aus der Klinik

und komme gerade mal 20 Meter. Danach bleibt das Rad des Rollators im Kopfsteinpflaster hängen, ich kann mich nicht mehr halten und stürze. Hätte ich nur ein bisschen mehr Muskeln, wäre ich nicht gefallen, sondern hätte bloß einen Ausfallsschritt machen müssen. Krach! Wieder mit dem Kopf auf den Asphalt! Nicht schon wieder denke ich! Blut, tropft von meiner Stirn! Papa hilft mir auf und setzt mich auf die Steinmauer. Eine richtig tolle Platzwunde habe ich über der Augenbraue. Mann; warum muss immer mir so etwas passieren?! Nur weil ich Depp mich an alles halte! Hätte ich doch Papa gebeten, den Rollator über das Kopfsteinpflaster zu tragen...nein, ich braves Ding dachte mir: „Ich habe 'Rollatorpflicht', also fahr ich überall damit."

Daher gehen wir zurück auf die Station, ich werde von Frau Luna erstversorgt, die übrigens immer Dienst hat, wenn es mir schlecht geht, oder ich einen kleinen Notfall habe (womit die nächste Peinlichkeit, Scham und Schuldgefühl gesichert sind) und fahre anschließend mit Papa in die Notaufnahme zum Nähen.

So geht der zweite Weihnachtsfeiertag schneller um, als mir lieb ist.

Die Laune von Papa und mir ist nicht mehr die beste und mit einer etwas angespannten Stimmung fährt er wieder nach Hause.

Ich verziehe mich ins Zimmer, versuche die Kopfschmerzen so gut als möglich zu ertragen, weil jetzt noch zusätzlich um Medikamente oder Hilfe bitten kann ich definitiv nicht. Zu groß ist das schlechte Gewissen, wieder Umstände gemacht zu haben! Denn ohne Essstörung wäre mir so etwas sicher nicht passiert.

In den nächsten Tag wartet dann endlich ein kleines Hoch; der Monitor, welchen ich noch nachts hatte, sowie der Rollator dürfen beide weg! ENDLICH! Keine Stolpergefahr durch den Rollator mehr!

Natürlich war er vorübergehend hilfreich und hat mir Sicherheit und Stabilität gegeben, aber ich habe festgestellt, und konnte die Ärzte mittels "Rollstuhltestbeziehungsweise Rollatortest" davon überzeugen, dass ich nun fit genug bin, vorsichtig und in Begleitung ohne Hilfsmittel zu gehen. Was für ein schönes Highlight! Des Weiteren sind die ersten Erfolge sichtbar. Neben der anfänglichen eher unerfreulichen massiven Gewichtszunahme, die aber hauptsächlich auf das Wasser zurückzuführen ist, kehrt schön langsam wieder etwas Kraft zurück.

Für einen gesunden Menschen sind alltägliche Dinge wie Wasserkrug heben, Semmel aufschneiden, Butter verstreichen, im Bett alleine umdrehen, Hose und Socken an- beziehungsweise ausziehen, ohne Hilfe von der Toilette aufstehen, ... all dies sind Tätigkeiten, die nach zwei bis drei Wochen Schritt für Schritt wieder von alleine gehen.

Zum einen freue ich mich so sehr darüber und bin auch etwas stolz, zum anderen ist es mir unglaublich unangenehm und peinlich, sich über so alltägliche Sachen zu freuen. Denn eigentlich sollte das ganz einfach von der Hand gehen. Hätte ich mich nicht in diese Situation gebracht, hätte ich beispielsweise keine Hilfe beim An- und Ausziehen gebraucht. Tja, und nun habe ich wieder einen Gewissenskonflikt und stehe zwischen den Fronten; Essstörung oder gesunder Anteil.

Soll ich mich nun über diese Fortschritte freuen oder mich schämen und unter den Tisch kehren? Soll ich mich freuen, wieder etwas mehr ins Leben zurückzukehren? Freuen darüber, die Essstörung einen Schritt hinter mir zu lassen? Stolz darauf sein, täglich mein Bestes zu geben, gegen innere Stimmen anzukämpfen und trotz der Anstrengungen und Mühen nicht aufzugeben?

Oder soll ich es als Peinlichkeit abtun und mich in Grund und Boden schämen, dass ich mich selbst in diese Situation gebracht habe? Eine Frage, deren Antwort ich nicht finden kann. Nicht jetzt. Also nehme ich die zurückkehrende Kraft einfach hin. Bewerte sie nicht, freue mich nicht, schäme mich aber auch nicht dafür, sie nicht gehabt zu haben. Ich kommentiere und kommuniziere einfach nichts darüber.

Zu Silvester – nur drei Wochen nach meiner Aufnahme, habe ich schon drei Tischbefreiungen. Ich darf zu Mittag und Abend mit Papa und meiner Schwester essen gehen und fahre demnach nach Salzburg. Der Tag ist richtig schön! Wir gehen zunächst noch über den Christkindlmarkt und anschließend zu meinem Lieblings-Thailänder zum Mittagessen. Danach fahren wir nach Hause, ich bleibe kurz in meiner Wohnung, ehe wir in mein Elternhaus fahren. Dort machen wir ein paar Spiele, gießen Wachs, essen noch zu Abend, bevor es dann wieder zurück in die Klinik geht.

Um ehrlich zu sein; ich mag Silvester nicht so wirklich. Ich mag es nicht, nur weil es dieser bestimmte Tag ist, zu feiern, Party zu machen und gut drauf zu sein. Also freue ich mich einfach, einen Tag außerhalb der Klinik verbracht zu haben.

Natürlich kommen so Gedanken wie: ich sollte mich freuen, am Leben zu sein. Gedanken, dass ich dankbar sein sollte, dass ich, beziehungsweise mein Körper, es gerade noch geschafft hat, die letzten Wochen sich wieder zurück ins Leben gekämpft zu haben. Andererseits kann ich diese Dankbarkeit auch an jedem anderen x-beliebigen Tag empfinden. Aus diesem Grund gehe ich normal, wie sonst auch immer, ins Bett und bekomme weder vom Jahreswechsel, dem Feuerwerk noch von dem ganzen anderen Trubel etwas mit. Und froh bin ich darüber!

Am Neujahrstag darf ich noch einmal mit meiner Familie mittags essen gehen, was einfach guttut! Wie kann es nur sein, dass ich nach dreieinhalb Wochen schon den Lagerkoller habe? Ich habe keinen Nerv mehr, ständig mit anderen umgeben zu sein, die nichts an ihrer Situation ändern wollen. Permanent Diskussionen mitbekommen zu müssen, ob Butter unter Frischkäse nun sinnvoll und notwendig ist, oder ob man das nicht einfach weglassen kann.

Klar, Freude macht mir das Ganze auch nicht, aber ich will was ändern, möchte wieder – oder besser gesagt – endlich einmal ein gesundes, freies Leben führen!

Die Antwort ist: JA!

Daher muss ich wohl oder übel die Regeln hier befolgen und die Rückmeldungen und Hinweise umsetzen. Jede doofe Regel wird einen Sinn haben, auch wenn ich das selbst nicht immer sehe(n will). Dennoch; Augen zu und durch! Sonst könnte ich es zu Hause auch schaffen. Tja, und wie man gesehen hat, hat es zu Hause gar nicht geklappt.

So versuche ich, mich wirklich täglich aufs Neue herauszufordern und den steinigen Weg gegen die Essstörung in ein gesundes Leben zu gehen. Und genau da nerven mich momentan jene Mitpatient*innen, die sich so komplett quer stellen und ihre Krankheit in vollen Zügen ausleben! Das macht es mir richtig schwer!

Immer heißt es nur „Ines grenzen sie sich ab. Schauen Sie auf sich und nicht auf andere, Vergleichen Sie sich nicht mit den anderen. Sie sind für sich hier."

Klar, immer wieder mal abgrenzen ist kein Problem. Aber nicht 24/7. Ich kann nicht täglich wegschauen, wenn neben mir die Butter in die Socken anstatt aufs Brot geschmiert wird, während ich sie esse(n muss).Oder zwei Liter Wasser in der Nacht trinken, um das Gewicht zu manipulieren, und eine Gewichtszunahme

vorzutäuschen, um dann eine potenzielle Essenssteigerung zu umgehen.
Ich kann und will das einfach nicht mitbekommen! Ich möchte nicht noch zusätzliche Dinge sehen und lernen, die mich womöglich in Zeiten, in denen meine Essstörung wieder laut wird, auf blöde Gedanken bringen! Aber was soll ich tun? Andere verpetzen? Doch wegschauen? Auf die Personen direkt zugehen und sie ansprechen?

Aus diesem Grund bin ich heute, am 01.01.2024 echt froh und dankbar, mit Papa außerhalb des Klinik-Wahnsinns Mittagessen zu gehen. Natürlich ist das auch wieder mit Herausforderungen verbunden, aber ich nehme diese gerne an. Im Nachhinein gesehen bin ich mehr als dankbar, die Hilfe und Unterstützung bei der Speisenauswahl bekommen zu haben und gleichzeitig bin ich etwas stolz auf mich, dass ich es geschafft habe, meine Mahlzeit in der Öffentlichkeit außerhalb der "Klinikblase" zu essen.
Belohnt wurde ich mit 15 Minuten Spaziergang und dem Anzünden einer Kerze in der Kirche. Das tat gut. Ich bin zwar nicht sonderlich gläubig, beziehungsweise glaube nicht an den *einen* Gott, dennoch denke ich, es gibt irgendetwas/irgendjemanden das/der ein Auge auf uns/mich wirft. Von daher tat es mir gut, in der niedlichen Kapelle ein Kerzerl anzuzünden und mich innerlich zu bedanken!

Danke Mama! Ich weiß, dass du dein Händchen hier ganz intensiv im Spiel hast; sowohl was die Schnelligkeit bei der Aufnahme angeht als auch die mentale Hilfe und Unterstützung! Auch wenn du leider nicht mehr physisch hier bist, weiß ich, dass du immer um mich rumschwirrst.

Papa fährt am späten Nachmittag wieder Richtung Heimat und gibt mich in der Klinik ab. Leider ist die Zeit mit ihm mal wieder viel zu schnell vergangen.

So, was mach ich die nächsten zwei Stunden? Ach ja, ich habe ja noch meinen 15 Minuten Ausgang und einmal Dart Spielen offen. Super! Also; Mitpatient*innen suchen (alleine darf ich ja noch nicht auf Ausgang gehen), und nichts wie raus hier.
INNERER KONFLIKT! NEIN! HALT! STOPP!
Ines, was machst du nur? Ja, du hättest noch 15 Minuten offen, aber wenn du ehrlich zu dir bist, bist du heute mit Papa schon mehr als 15 Minuten gegangen. Du schaffst es, nicht mehr rauszugehen und auf deinen regulären Ausgang zu verzichten! Aber es ist so schwer! Ja, der Bewegungsdrang ist da! Und er ist groß! Nein, du würdest gegen keine Regel verstoßen, wenn du gehen würdest! ABER: Du möchtest endlich gesund werden! Und dazu gehört es auch, einmal auszuhalten, nicht spazieren zu gehen, nur weil es von der Therapeutin genehmigt wurde! Wenn du gerade keine Lust hast, dann schaffst du es, drinnen zu bleiben, Puzzle zu bauen und Ruhe zu geben! Ja, es fühlt sich in dem Moment der Entscheidung schwer, ungut und falsch an! Aber du weißt, dass das nur die Stimme der Essstörung ist.
Die Stimme, die dir wieder einmal einreden möchte, dass du – DU gesunder Anteil – falsch handelst. Hör nicht auf sie! Du bist stärker, stehe die „Entzugserscheinungen", das Zittern, die Schweißausbrüche, die innere Unruhe durch! Wenn du es jetzt schaffst, dich dagegen zu entscheiden, den gesunden Anteil zu stärken und drinnen zu bleiben, dann kannst du am Ende des Tages sehr stolz und zufrieden sein! Und dieses Glücksgefühl und Erfolgserlebnis ist dann wirklich echt. Das kann dir keiner nehmen.

Also gehe ich eine Runde Dart spielen, widme mich dann wieder dem Puzzle und merke gar nicht, wie schnell zwei Stunden vergangen sind. Noch duschen und dann ist eh schon wieder Abendessen! GESCHAFFT! Ich bin irgendwie doch ein klein wenig zufrieden, es tatsächlich geschafft zu haben! Das erste Mal, dass ich mich gegen die Bewegung und für die Ruhe entschieden habe. Und irgendwie war es gar nicht so schwer. Überlebt habe ich es auch, cool!

02.01.2024; endlich sind die Feiertage um! Darüber bin ich mehr als froh! Es war schon extrem langweilig, so gar kein Programm zu haben. Klar haben sich die Co-Therapeut*innen immer wieder mal eine Stunde lang ein Projekt überlegt, aber die Therapien an sich sind halt fast zur Gänze ausgefallen. Und gerade während der Weihnachtszeit finde ich es sehr wichtig, intensive Unterstützung zu bekommen. Aus diesem Grund bin ich sehr froh, dass jetzt der „normale" Alltag mit den Therapien wieder losgeht.

„Wie waren Ihre Feiertage, Ines?", werde ich vom Oberarzt in der Visite gefragt.
„Ganz okay. Ich hatte Besuch von meiner Familie, wir haben ein paar schöne Stunden verbracht. Somit konnte ich die lange Zeit gut überbrücken und sogar genießen."
„Wie geht es Ihnen sonst? Sind Sie mit Ihrer aktuellen Entwicklung zufrieden? Wie läuft es mit der Gewichtszunahme?"
„Naja, um ehrlich zu sein... hm...*wie soll ich das jetzt sagen.*
Ja, es passt schon. Aber..."
„Was wollen Sie sagen? Passt schon hört sich nach keiner sonderlich klaren Aussage an. Was liegt Ihnen am Herzen?"
„Ja, zum einen komme ich mit den aktuellen Patient*innen, dem vielen Getrickse, dem falschen Spiel

33

und dem Ausleben derer Symptomatik nicht klar. Ich weiß, das Lieblingswort der Therapeut*innen lautet: „Abgrenzung". Aber irgendwann ist ein Punkt erreicht, wo ich mich nicht mehr abgrenzen kann und will! Ich habe die Nase so voll! Draußen sterben Mädchen und Burschen, die dringend auf einen Platz hier warten. Und es gibt es Patient*innen, die sich mit Hand und Fuß wehren, eine gescheite Therapie zu machen."

„Frau L. ich verstehe Sie. Aber wie Sie schon sagten, Sie müssen einfach schauen, dass Sie sich hier gut abgrenzen. Sie sind auf einem sehr guten Weg. Machen Sie weiter so, schauen Sie auf sich! Kehren Sie die stark aufkommende negative Energie, was andere anbelangt, um und investieren Sie diese für sich. Für Ihren Weg aus der Essstörung, für Ihre Gesundheit und für Ihre Zukunft."

„Ja, das versuche ich mir auch immer wieder zu sagen. Aber es ist so unglaublich schwer. Und es gibt noch einen weiteren Punkt, den ich ansprechen möchte. Es geht um meine Gewichtskurve. Derzeit bin ich zwar noch leicht im goldenen Bereich, aber seit circa einer Woche stagniert das Gewicht und ich nähere mich der grünen Linie. Früher oder später werde ich im roten Bereich sein und demnach eine Essenssteigerung benötigen. Daher war meine Überlegung, ob ich eine neue Gewichtskurve bekommen könnte, um mit dem aktuellen Gewicht, ohne Wassereinlagerung, neu zu starten. Mit der aktuellen Kurve würde ich sonst nur zwei bis drei Wochen Zeit rauszögern, bis ich "regulär" im roten Bereich bin. Klar, könnte ich auch mit der derzeitigen Kurve eine Essenssteigerung beantragen, aber um ehrlich zu sein, mehr essen, wenn ich im goldenen Bereich bin, ist mental nicht möglich."

„Frau L. ich finde das einen sehr guten und gesunden Ansatz. Sie sprechen jetzt gerade komplett gegen die Essstörung und ich sehe auch Ihre Bereitschaft, eine potenzielle Essenssteigerung schon früher in Kauf zu nehmen. Sehr gut! Sie sind auf einem wirklich guten Weg!

Ich werde Ihr Anliegen mit den anderen Therapeut*innen besprechen und gebe Ihnen Bescheid wie wir weiterverfahren, sobald wir eine Entscheidung getroffen haben. Behalten Sie sich Ihre positive Energie und Ihren Kampfgeist bei. Wie bereits erwähnt: Sie sind auf einem richtig guten Weg! Weiter so!"

So verlasse ich den Raum und grüble nach, ob ich gerade das Richtige gemacht habe. Ich könnte Zeit schinden, noch etwas warten und der Essstörung ein bisschen mehr Raum geben.
NEIN! HALT! STOPP!
Im Inneren weiß ich, dass ich gerade richtig gehandelt habe. Ich habe für die Gesundheit und gegen die Essstörung gesprochen. Ich sollte stolz auf mich sein. Ich kann es zwar nicht so ganz nachempfinden, aber zumindest bin ich etwas zufrieden mit dem, was ich angesprochen habe. Mal schauen, was nun entschieden wird und wie es weiter geht.

Ein Monat ist um; heute vor vier Wochen wurde ich von Fr. Luna aufgenommen. Wahnsinn, wie schnell die Zeit vergeht. Ich erinnere mich, als ob es gestern gewesen wäre und um ehrlich zu sein bin ich schon sehr verwundert und gleichzeitig positiv überrascht, was mein Körper in den vier Wochen alles geschafft hat.

Was hat sich getan?
Viel!
- Vom Rollstuhl, über Rollator, bis hin zum eigenständigen Gehen.
- Gebäck aufschneiden, ohne dafür 5 Minuten zu benötigen, weil die Kraft fehlt.
- Gleiches gilt für das Verstreichen der Butter; man denkt gar nicht, wo man überall minimal Kraft aufwenden muss.
- Den Wasserkrug heben.

- Schlucken.
- In die Hocke gehen.
- Mich alleine, im Stehen anziehen.
- Alleine von der Toilette aufstehen.
- Im Bett umdrehen.
- Alleine Duschen gehen.
- Die Winterjacke heben und alleine anziehen können.
- Die schwere Eingangstüre ohne fremde Hilfe öffnen.

All diese Dinge sind so alltäglich und normal, dass man es erst zu schätzen lernt, wenn man sie eine Zeit lange nicht alleine durchführen konnte.
Ich sollte mir auf die Schulter klopfen und stolz auf mich und meinen Körper sein! Dass ich in so kurzer Zeit, so viel erreicht habe, dass ich durchhalte, dass ich weiterhin so konsequent und ehrlich an mir arbeite und mich voll und ganz auf die Therapie hier einlasse.
Aber – wie das bei mir so ist – empfinde ich keinerlei Stolz.

Anerkennung? – Wofür?

Ich finde es nach wie vor eher als peinlich, als große Blamage und einfach nur furchtbar, dass ich mich in diese Situation gebracht habe, dass ich so gar nichts selbstständig machen konnte. Schande über mich, was ich mir und meinem Körper angetan habe!
Ich möchte jeden anderen davor bewahren, dies durchmachen zu müssen. Bei neuankommenden Patient*innen, die tricksen und Schwierigkeiten haben, sich auf die Therapie einzulassen, versuche ich mit Gesprächen positiv auf sie einzuwirken. Leider meist ohne Erfolg. Das macht mich so traurig, verzweifelt und gleichzeitig wütend und aggressiv, dass ich an einem Abend beim Abendessen verbal explodiere.

„Verdammt! Schmier die Leberstreichwurst nicht in die Serviette, sondern auf dein Brot! Wir essen alle unsere Sachen! Warum hältst du dich nicht auch dran?"
„Habe ich doch gar nicht! Ich habe doch alles auf meinem Brot."
„Nein, hast du nicht! Öffne die Serviette und schau nach!"
Die Situation eskaliert; 23 gackernde Hühner beschimpfen sich lautstark gegenseitig, bis eine Co-Therapeutin die Situation auflöst und uns alle trennt.

Toll, hast du wieder einmal gut gemacht, Ines. Dabei wolltest du doch nur helfen, andere zu bewahren, dass sie jemals in die gleiche beschämende Situation kommen wie du.

„Frau L., Sie können andere nicht vor dem Bewahren, was Sie durchgemacht haben."
„Ich möchte Patient*innen, die sich wehren, die Essstörung loszulassen, doch nur warnen und ihnen helfen. Ich habe es selbst am eigenen Leib durchgemacht. Ja, ich habe auch drei Anläufe gebraucht, um zu verstehen, wie schnell es vorbei sein kann und was alles passiert, wenn man sich nicht auf die Therapie einlässt und weiterhin ein kleines bisschen essgestört bleibt."
„Es ist zwar schön, wenn Sie helfen wollen, aber manche müssen es auf die harte Tour lernen. Investieren Sie Ihre Energie lieber in sich und Ihren Fortschritt. Manche lernen es beim ersten Mal, manche brauchen mehrere Anläufe. Bei einigen geht es schnell, sie können sich auf die Therapie einlassen und bekommen die Krankheit in Griff. Einigen fällt dieser Schritt schwer und sie brauchen mehrere Aufenthalte. Ja, und dann gibt es leider noch sehr viele, die es nie schaffen und daran sterben. Also bleiben Sie dran, grenzen Sie sich ab, bleiben Sie bei sich. Sie können Ihre Erfahrungen teilen, aber verlangen Sie nicht von anderen, dass Sie Ihre Warnungen ernst nehmen und sofort umsetzen. Jeder muss selbst an den

Punkt kommen, wo er bereit ist, etwas zu ändern und die Essstörung zur Gänze loszulassen. Sie sehen es bei sich selbst."

„Sie haben Recht. Ich glaube es macht mich auch darum so aggressiv, weil ich andere einfach vor der Peinlichkeit schützen möchte und Ihnen diese Blöße ersparen will. Aber warum stehen die anderen schon wieder an erster Stelle? Ich sollte wirklich mehr auf mich schauen und die gesamte aufkommende Energie auf mich lenken. Danke für Ihre Ratschläge!"

In der kommenden Nacht denke ich noch weiter über die Situation und den Vorfall nach. Ich bin leider ein Mensch, der schwer mit Situationen abschließen kann, in denen er möglicherweise falsch oder ungerecht gehandelt hat. Trotz mehrmaliger Entschuldigungen und auch Aussprachen, fühle ich mich total schlecht, dass ich diese Eskalation angestiftet habe.

Während ich so vor mich hin grüble, steht um 02:00 Uhr morgens plötzlich die Nachtschwester vor mir.

„Frau L., kommen Sie bitte mit zum Zwischenwiegen."

Etwas verschlafen folge ich ihr und fühle mich diesmal keinerlei gestresst. Ich weiß, dass ich nichts falsch gemacht und mein Gewicht nicht manipuliert habe. Irgendwie bin ich froh und dankbar, dass meinem Wunsch, den ich bei der Aufnahme geäußert habe, endlich einmal nachgegangen wird. Ich bat, dass man mich immer wieder mal spontan nachts wiegt, denn dann kann gesehen werden, dass ich in diesem Aufenthalt nicht mehr zutrinke und zu meinem Wort stehe.

Zufrieden lege ich mich wieder ins Bett und versuche noch ein paar Stunden zu schlafen.

Das morgendliche tägliche 06:40 Uhr Wiegeergebnis bestätigt die Nacht-Wiegung. "Prüfung" bestanden. Ich bin natürlich etwas erleichtert und gleichzeitig auch innerlich zufrieden. Ich freue mich immer, wenn die Co-Therapeut*innen, Ärzte und Therapeut*innen sehen, dass ich mich an alle Regeln halte, dass ich ehrlich bin und keine falschen Spiele mit diversen Tricks praktiziere. Ich war die letzten Aufenthalte alles andere als ehrlich. Ich kann es voll nachvollziehen, dass es einigen Patient*innen schwerfällt, sich an all die Vorgaben zu halten. Ich möchte sie nur davor bewahren, den Aufenthalt nicht komplett zu ihren Gunsten zu nutzen.

Oh ja, diese Freude stärkt mein Selbstbewusstsein, gibt mir Anerkennung und ich fühle mich wertvoll. Ohne diese positiven Rückmeldungen ist mein Leben sinnlos; ich fühle mich nutzlos, denke komplett falsch und fehl am Platz zu sein. Das typische Verhalten zu Hause wäre, Sport zu machen, in Nahrungskarenz zu gehen und viel zu arbeiten, bis ich das Gefühl erreicht habe, doch etwas in meinem Leben geschafft zu haben.

Am nächsten Morgen sehe ich beim Wiegen schon Fr. Luna. Ich überlege mir schon, worauf ich alles beim Frühstück achten möchte, um bei ihr nur positive Rückmeldungen zu bekommen und um ihr zu zeigen, wie sehr ich versuche, alles richtig und perfekt zu machen. Tja, mein Vorhaben scheitert gleich am Buffet.

„Was sind denn Ihre Ziele Frau L.?", fragt mich die Co-Therapeutin.

„Zwei Scheiben Wurst und Marmelade."

„Wieso ist Wurst für Sie ein Ziel? Die nehmen Sie doch jeden Tag."

„Nein, ich versuche sie nur öfter einzubauen, aber leicht fällt es mir nicht. Sie schmeckt mir zwar, macht mir aber dennoch Angst, weil ich nicht genau weiß, wie schwer die zwei Scheiben sind und wieviel Kalorien sie daher haben", antworte ich völlig verwirrt.

Ich verharre und fühle mich als kompletter Versager. Ich dachte eigentlich ich hätte ein gutes Ziel und Fr. Luna wäre stolz. Wieder etwas nicht perfekt gemacht. Gerade der Perfektionismus spielt bei uns essgestörten Patienten eine äußerst wichtige Rolle.

„Wühlen Sie nicht im Brotkorb, nehmen Sie einfach die oberste Semmel".
„Nehme ich ja, nur die beiden kleben zusammen – sehen Sie? Ich kann nichts dafür."

Auch hier fühle ich mich schuldig. Hätte ich doch nur vorhergesehen, dass die beiden Semmeln aneinanderkleben. Ich möchte doch nur alles richtig machen.

Das Schuldgefühl, der Selbsthass, die Selbstabwertung und die negativen Gedanken werden immer mehr. Ich kann während des Frühstücks kaum noch klar denken. Ich muss die Situation aufklären, sage ich mir selbst, und suche im Anschluss das Gespräch mit Fr. Luna.

„Ich wollte Sie nicht verärgern und ich möchte gerade bei Ihnen immer alles perfekt und richtig machen. Ich möchte, dass Sie sehen, wie sehr ich dieses Jahr kämpfe, dass ich nichts auf die leichte Schulter nehme, dass ich mir schwere Ziele setze und dass ich versuche, immer und überall zu entsprechen."
„Frau L., Sie machen das für sich und nicht für mich. Ich gebe Ihnen nur Rückmeldungen, wenn mir etwas auffällt."
„Ja, aber ich habe wirklich nichts falsch gemacht. Ich versuche mir jede Woche schwere Ziele zu setzen. Ziele, die mich herausfordern und die mir „wehtun". Ich habe hierbei immer Ihre Worte im Kopf – erst wenn es weh tut, ist es der richtige Weg."
„Frau L., ich sehe, dass Sie kämpfen und sich bemühen. Ich gebe Ihnen dennoch eine Rückmeldung, wenn mir etwas auffällt. Was Sie mit dieser Rückmeldung anfangen, bleibt Ihnen überlassen. Ich spreche auch nie Sie als Person an, sondern immer nur Ihre Essstörung. Sie sind auf einem guten Weg. Machen Sie so weiter."

Ziemlich verwirrt gehe ich aus dem Gespräch und telefoniere kurz mit meinem Papa.

„Ich fühle mich nach wie vor schlecht und finde die totale Versagerin zu sein, Papa."

„Blödsinn Mädl! Falle nicht schon wieder in dasselbe Fahrwasser. Du kannst doch nicht immer wie ein "Fahnderl im Wind" umfallen, sobald rechts oder links von dir jemand was sagt. Du bekommst jetzt eine Aufgabe: nimm einen Zettel und schreibe auf, was die Kinder in der Nachmittagsbetreuung in deiner Schulkindgruppe am meisten an dir schätzen."

„Du bist lustig. Im Moment fällt mir da nichts ein!"

Gar nichts würde ich am liebsten sagen.

„Denk darüber nach, du wirst was finden."

„Danke Papa! Ich habe dich lieb."

Die Selbstabwertung ist noch immer stark vorhanden. Am liebsten würde ich mich irgendwo verkriechen. Aber nein! Das wäre wieder einmal der falsche Weg. Der Weg, den ich immer gehe. Der Weg, der mich immer tiefer in die Essstörung treibt. Ich muss endlich Alternativen finden. Aufstehen, mich trotz einer Rückmeldung wertvoll und liebenswert fühlen und den Tag nicht anhand einer Aussage abschreiben.

Ich bin gut, so wie ich bin! Erster Schritt in Richtung Gesundheit! Gedankenkreisen STOPP! Thema abgeschlossen! Ich mache die Sache hier für mich! Ich für mich weiß, dass ich nach bestem Wissen und Gewissen handle, dass ich mich täglich aufs Neue bemühe, dass ich täglich schwierige Aufgaben meistere.

Ja, ich kann stolz auf mich sein, was ich alles die letzten Wochen hier bereits geleistet und geschafft habe! *Weiter so!* – sage ich mir selbst, drehe mich einmal im Kreis, nehme einen Zettel und einen Stift zur Hand und schreibe auf, was die Kids an mir mögen und schätzen. Nach der Übung muss ich kurz lachen und freue mich auf den restlichen Tag.

Genau nach fünf Wochen wartet schon ein kleiner weiterer Erfolg auf mich.

Zum einen darf ich seit heute alleine meine 15 Minuten draußen spazieren gehen. Es fühlt sich so toll an, nicht mehr eine Mitpatientin bitten zu müssen, sondern einfach nach Lust und Laune eine Viertelstunde an der frischen Luft für mich alleine zu sein.

Nur zehn Minuten nach dieser erfreulichen Nachricht bekomme ich schon die nächste tolle Info. Ich darf „weiterrutschen".

Es gibt drei unterschiedliche Stufen beim Essen. Wenn man ankommt, ist man automatisch am ersten Tisch; dem Komplextisch. Dieser hat komplett strenge Kontrolle durch die Co-Therapeut*innen und nur eine begrenzte Auswahl an unterschiedlichen Belägen.

Wenn man die Richtmenge, wie es so schön heißt, immer in den vorgegebenen 30 Minuten isst, wenig bis kaum Probleme beim und mit dem Essen hat und anteilig alle Komponenten gemeinsam isst, kann man an den nächsten Tisch – den E(ssprotokoll-)Tisch rutschen. Hier sind die Anforderungen schon höher, man hat beispielsweise an zwei Tagen die „Pflicht", Wurst oder Käse zu bestellen, es gibt „Safttage" und „Kakaotage", sonntags gibt es zum Frühstück zusätzlich ein Ei. Im Gegenzug dazu hat man den Luxus, etwas mehr an Belägen nehmen zu können und darf auch alleine oder in Begleitung eine Mahlzeit am Wochenende außerhalb der Klinik einnehmen. Die Kontrolle ist weniger intensiv und man isst an zwei Abenden auch ohne therapeutische Begleitung.

Der letzte Tisch – der G(emeinschafts-)Tisch ist die letzte Stufe der Tischgruppen. Hier kommt man hin, bevor man die Komplexstation verlässt und auf eine weiterführende Station wechselt, beziehungsweise sobald das Essverhalten so stabil ist, dass eine therapeutische Begleitung/Kontrolle durch die Co – Therapie nicht mehr nötig ist.

Diese tolle und erfreuliche Nachricht möchte ich natürlich sofort mit meiner Schwester teilen.

„Lea! Endlich, ich darf nun alleine hinausgehen und ich bin an den nächsten Tisch gerutscht! Ich dachte schon die Co-Therapeut*innen und Therapeut*innen sehen mein Bemühen gar nicht. Aber jetzt wurde ich endlich belohnt!"

„Super Kleines! Ich bin so stolz auf dich! Ich habe dir doch immer gesagt; einfach durchhalten, früher oder später wirst du dafür belohnt werden!"

Überglücklich reiche ich meine Tischbefreiung für Sonntag ein und nehme mir vor, alleine in ein asiatisches Restaurant zu gehen. Es wird zwar eine große Herausforderung für mich, aber ich habe schon so viel geschafft – warum nicht auch das!

Müde, aber überglücklich, gehe ich ins Bett und schlafe endlich einmal so richtig zufrieden ein.

Am nächsten Vormittag steht plötzlich meine Therapeutin in der Tür.

„Frau L., haben Sie Lust mitzukommen? Machen wir eine Expo[1]. Was halten Sie davon, wenn wir ins Café gehen?"

Oh Mann! Restlose Überforderung!

„Äh, ja gerne. Ich ziehe mich nur schnell an."

„Super, dass Sie eingewilligt haben! Richtig mutig von Ihnen!"

---

[1] Expo: Unter einer Expo versteht man eine evaluierte Behandlungsmethode, die meist in der (kognitiven) Verhaltenstherapie Anwendung findet. Das Ziel dieser Behandlungstechnik ist die Bewältigung von auftretenden negativen Affekten, die durch spezifische Reizsituationen ausgelöst werden.

„Ich will ja weiterkommen und mich meinen Ängsten stellen. Nur um ehrlich zu sein bin ich schon sehr nervös und unruhig!"

„Das ist vollkommen klar und darf auch so sein. Ich habe Sie schließlich aus dem Nichts überrumpelt. Machen Sie sich keinen Stress, es ist das erste Mal für Sie. Sie müssen jetzt nicht sofort einen Kuchen nehmen. Wir können uns ruhig langsam herantasten. Nehmen Sie das, was für Sie gerade möglich ist."

„Um ehrlich zu sein ist gerade *alles* schwer. Schon alleine einfach so Geld für mich auszugeben, am Vormittag eine Stunde in ein Kaffeehaus zu gehen – das sind alles Dinge, die ich nie im Leben machen würde. Aber wenn ich in mich hineinhöre; ist es ganz schön. Wenn es ok ist, würde ich einen Kaffee mit Milch nehmen. Das hatte ich noch nie! Es fällt mir sehr schwer, aber das wäre im Moment für mich machbar."

„Super, dann haben Sie ja schon etwas gefunden."

„Einen Cappuccino mit Hafermilch und einen Kaffee mit Hafermilch, bitte", ordere ich.

„Sie machen das wirklich sehr gut Frau L. und Sie können sehr stolz auf sich sein.
Welche Gedanken gehen Ihnen gerade durch den Kopf?"

„Es hört sich doof an, aber mich stresst zum Beispiel gerade, dass ich nicht genau weiß, wieviel Milliliter Milch in dem Kännchen sind. Ich kann es in etwa abschätzen, aber genau wissen tu ich es nicht. Ich möchte aber auch nicht nachfragen oder googeln. Ich möchte versuchen, diese Ungewissheit auszuhalten und mich abzulenken."

„Sehr gut, das ist klar, dass Sie diese fehlende Information beschäftigt. Aber suchen wir Strategien, wie Sie sich ablenken und es aushalten können."

Meine Therapeutin versucht, mich mit Gesprächen aus meinem Gedankenkarussell zu holen. Wir verbringen eine sehr schöne Stunde im Café und machen uns dann wieder auf den Weg zurück in die Klinik.

„Frau L., das haben Sie heute sehr gut gemacht! Ich bin unglaublich stolz auf Sie! Wenn Sie möchten, würde ich das gerne ein Mal pro Woche wiederholen. Ich werde einfach in Ihrem Zimmer stehen und wir machen eine Ihrer Expos, die Sie mir auf die Liste geschrieben haben. Mal sind es Lebensmittel-, mal Verhaltensexpos. Was halten Sie davon?"

„Wow, das wäre so toll! Das ist genau das, was ich brauche! Aber dann fällt ja eine Therapieeinheit weg, oder?"

„Nein, das würde ich Ihnen zusätzlich anbieten! Und ich mache es gerne, weil Sie mir am Herzen liegen".

Sprachlos!

„Was, wirklich? Vielen Dank! Ich kann gerade nicht mehr sagen als ‚Danke'!"

Überglücklich und strahlend, gleichzeitig, aber auch sehr zittrig, gehe ich in mein Zimmer und muss die letzte Stunde erst einmal sacken lassen, bevor ich meiner Schwester und meinem Papa von meinem Erfolg berichte.

Einmal in der Woche gibt es für alle Patient*innen eine Zielegruppe. Hier wird zum einen für jeden der drei Tische ein eigenes "Tischziel" gezogen, welches alle Patient*innen gemeinsam eine Woche lang umsetzen müssen. Zum anderen muss jeder noch zusätzlich drei eigene Ziele für eine Woche festlegen. Diese Ziele sollten Beläge oder Getränke sein, die einem schwer fallen, die man meidet und die man wieder in seinen Speiseplan integrieren möchte.

Das Ziehen des Tischziels ist immer ziemlich stressig für mich.

Überfordert es mich? Schaffe ich das?

Viele solche Gedanken schießen mir durch den Kopf.

Gezogen: Doppelt Schmelzkäse morgens. Oh mein Gott. Das heißt zwei Portionspäckchen Schmelzkäse auf eine Semmelhälfte.

Warum gibt es denn bitte Portionspackungen, wenn man dann trotzdem nicht eines, sondern zwei nehmen muss? Und dann steht auf dem Schmelzkäse auch noch "Sahne" darauf. Überforderung! Ich bin komplett verwirrt und gestresst. Welche drei eigenen Ziele soll ich denn da noch nehmen? Ziele, die ich die gesamte Woche über schaffe?

Nach einer komplett schlaflosen Nacht habe ich meine Ziele beisammen und denke, gut vorbereitet in die "Zielegruppe" zu gehen, wo der Co-Therapeut sein OK oder Veto einlegt.

„Nein Frau L. ich denke das ist zu leicht für Sie. Ich schlage vor, Sie nehmen diese anderen Ziele. Also, sieben Tage lang Honig, sieben Tage lang Käse abends und sieben Tage Zucker in den Tee."

Hilfe! Wie soll ich das denn schaffen?? Die Essstörung schreit in dem Moment ganz laut und stark NEIN!

„OK, dann mache ich das", antworte ich völlig überfordert.

Am Ende der Gruppe bin ich niedergeschlagen und weiß einfach nicht mehr weiter. Der Bewegungsdrang ist enorm, ich würde am liebsten losrennen, um meinen Frust und die Panik verdrängen zu können.
Verzweifelt rufe ich meinen Papa an: „Ines, keine Sorge, du schaffst das! Wenn du möchtest, komme ich dich heute noch besuchen und wir reden ein bisschen".
„Gerne, aber ich habe auch ein richtig schlechtes Gewissen! Du kannst doch nicht beide Tage am

Wochenende kommen. Du hast doch bestimmt andere Dinge zu tun."

„Alles gut! Ich bin um 14:00 Uhr bei dir. Und lass dir das Essen schmecken, das erste Mal, alleine essen zu gehen kann schwierig werden. Ich bin mir aber sicher, dass du es gut meistern wirst!"

„Danke Papa. Ich freue mich auf dich".

Ziemlich verwirrt steige ich ins Taxi und fahre die 800 Meter zu dem asiatischen Restaurant. Heute ist es das erste Mal, dass ich wirklich alleine essen gehe. Ein klein wenig ängstlich betrete ich das Lokal und bestelle meine Mahlzeit. Ich kann sie mir sogar wirklich schmecken lassen und gehe stolz und zufrieden wieder hinaus.

War gar nicht so schwer, sage ich mir. Cool! Endlich mal wieder was geschafft!

30 Minuten später kommt Papa auch schon an. Wir gehen in ein Café und er spricht mir Mut zu. Papas Worte tun einfach so gut! Ich bin unglaublich dankbar, so viel Hilfe und Unterstützung von ihm zu bekommen.

Mit voller Hoffnung, Zuversicht und Motivation trennen sich unsere Wege und ich begebe mich in die Klinik zurück.

Mit neuem Elan starte ich in die nächste Woche und werde gleich mit mehr Ausgang für meine harte Arbeit hier belohnt. Ab jetzt darf ich drei Mal 15 Minuten an die frische Luft. Ich freue mich sehr über diese Steigerung, allerdings bin ich auch etwas ängstlich.

Ist es nicht zu viel? Kann ich es gut handhaben? Wäre es nicht besser von ein Mal 15 Minuten zuerst auf zwei Mal 15 Minuten und nach einer weiteren Woche auf drei Mal 15 Minuten zu erhöhen? Ach was Ines, du musst und kannst es auch mal alleine schaffen! Nur weil du jetzt die

Erlaubnis hast, mehr Ausgang zu nehmen, heißt es nicht, dass du ihn auch in Anspruch nehmen MUSST. Du DARFST drei Mal eine Viertelstunde das Gelände verlassen; es ist allerdings keine Pflicht!

Etwas gelassener gehe ich das zwei Mal heute hinaus und belasse es dabei. Ich genieße das Mehr an Freiheit, muss es aber nicht übertreiben. Ich habe heute schon genug Dart gespielt und möchte am Abend lieber meine Ruhe, anstatt bei minus sechs Grad Celsius noch einmal hinauszugehen.
Zufrieden mit dem Tag, meinen Entscheidungen und meinem Fortschritt, gehe ich schlafen.

Kommenden Abend haben wir beim Essen eine ganz nette Unterhaltung mit einer Co-Therapeutin. Frau Noma versucht uns Patient*innen einen Faulenz-Fernseh-Tag beziehungsweise Nachmittag schmackhaft zu machen. Für uns essgestörte Patient*innen ist die Vorstellung, einen ganzen Tag nur auf der Couch zu liegen, unproduktiv zu sein, und daneben vielleicht auch noch zu essen, komplett unvorstellbar.
„Wie kann man das nur machen? Essen Sie denn dann normal Frau Noma, oder reduzieren Sie an solchen Faulenztagen auch Ihre Nahrung?", frage ich neugierig.
„Frau L., natürlich esse ich normal. Und meist sogar noch mehr, denn es gibt nichts Schöneres, als mit einer Tasse Tee oder Kakao und ein paar Snacks entspannt auf der Couch zu liegen und sich einen schönen Film anzusehen. Ganz besonders viel Spaß macht es, an einem Regentag oder bei Schneewetter."
„Ich kann mir das nicht vorstellen. Ich muss zumindest immer irgendetwas neben dem Fernsehen machen. Ich kann doch nicht einfach nur faul sein. Wie habe ich es dann überhaupt verdient, Nahrung zu mir zu nehmen?"

Essen ohne erbrachte Leistung? Für mich ein totales No-Go!

„Frau L., haben Sie Lust eine Expo zu machen? Wir starten langsam. Suchen Sie sich einen Film aus, den Sie sich am Samstagvormittag anschauen. Sie dürfen daneben allerdings weder lesen, noch häkeln, oder ihre Französischkurse machen."

Ernsthaft? Wie soll ich mich nach dem Frühstück einfach eineinhalb Stunden auf die Couch setzen, nichts denken, mich nur „berieseln" lassen und dann schon wieder Mittagessen? Da verfette ich doch total...

„Oh Mann ... doch ja, ich mache es. Ich weiß zwar noch nicht, wie ich es finde und vor allem wie ich es schaffe, aber ich bekomme das schon hin. Und zur Not muss ich dann einfach ein Gespräch mit Ihnen in Anspruch nehmen, wenn meine Gedanken und mein Bewegungsdrang zu intensiv werden."
„Super! Ich finde das sehr mutig von Ihnen und freue mich, dass Sie eingewilligt haben! Sie können jederzeit vorab oder danach zu einem Gespräch kommen! Fein, dass Sie sich Ihren Ängsten stellen!"

Tja, ob das so fein ist, weiß ich gerade nicht. Sicherlich ist es für meinen Verlauf hier hilfreich und mache ich damit einen weiteren Schritt in Richtung „gesundes" Leben. Leben ohne Essstörung.

06.01.2024. Heute ist es soweit. Heute Vormittag muss/darf ich mir einen Film anschauen. Ich habe mich kurzerhand umentschieden und beginne mit der ersten Folge einer Serie. Dann kann ich diese Expo immer wieder mal machen und die Serie weiter ansehen. Ich denke, umso öfter ich es mache, umso leichter wird es mir fallen, eine Stunde unproduktiv zu sein und umso eher kann ich es irgendwann genießen und vielleicht sogar Freude dabei empfinden. Möglicherweise kann ich es vielleicht sogar als entspannend und angenehm betrachten, einen ganzen Nachmittag auf der Couch zu verbringen. Mal sehen. Nur nichts überstürzten.

Heute beginne ich mal mit dem ersten Schritt.

Ich entscheide mich auch dafür, die Folge auf Deutsch und nicht auf Englisch anzusehen. Weil sonst habe ich die Selbstbestätigung, zumindest etwas getan zu haben, indem ich „englisch gelernt" habe. Nein, ich möchte weg von dem "wenn/dann" – Denken und drücke auf Play.

Nach 15 Minuten, werde ich innerlich schon ziemlich unruhig und würde am liebsten mein Handy in die Hand nehmen.

Nein, du schaffst das. Versuche dich auf den Film zu konzentrieren.

50 Minuten können schon sehr lange sein. Am Ende der Folge bin ich zum einen sehr erleichtert, zum anderen auch ein klein wenig stolz. Ich habe es tatsächlich geschafft, die letzten 50 Minuten nichts anderes zu tun, als auf der Couch zu sitzen und "dumm" in den Fernseher zu schauen. Für mich ein richtiges Erfolgserlebnis. Wenngleich ich jetzt doch ziemlich unruhig bin und merke, etwas Aktives tun zu müssen.

Anstatt meinen Ausgang zu nutzen und an die frische Luft zu gehen, entscheide ich mich dafür, eine Runde Dart zu spielen. Ich möchte es schaffen, trotz der Stunde sitzen, jetzt nicht wieder in mein altes Verhaltensmuster zu fallen und nach Draußen zu gehen. Ja, ich weiß, beim Dart bewege ich mich auch, allerdings ist es doch ein Durchbrechen meines immer gleich ablaufenden Musters, indem ich zumindest nicht hinaus gehe.

Nach der Runde Dart bin ich innerlich ruhiger geworden.

Jetzt kommt zwar gleich wieder das Mittagessen, dennoch kann ich mich etwas entspannter als gedacht zum Tisch setzen.

Am Nachmittag widme ich mich meinen Therapiehausaufgaben und bin zufrieden, heute doch noch etwas geleistet zu haben. Ich habe zwar weniger gemacht als sonst, dafür bin ich bestimmt einen großen Schritt weiter in meiner Verhaltenstherapie gekommen, indem ich mich erneut meinen Ängsten gestellt habe, eine ungewohnte Situation ausgehalten habe, und nicht in die Vermeidung oder Kompensation gerutscht bin. Im Nachhinein fühlt sich das richtig gut und schön an.

Heute, Sonntag, habe ich meine erste Tischbefreiung für das Frühstück. Das heißt, ich darf alleine oder in Begleitung mit einer Mitpatientin oder einem Familienmitglied, frühstücken gehen. Ich entscheide mich dazu, es einmal alleine zu probieren. Zuhause habe ich schließlich auch nicht immer jemanden um mich, der dabei ist. Ich muss und möchte es einfach lernen, Mahlzeiten alleine und in Ruhe einnehmen zu können.

Ich entschließe mich, es das erste Mal in einem für mich sicheren Umfeld zu machen und gehe in den großen Speisesaal, wo alle anderen Stationen, Menschen mit unterschiedlichen Krankheitsbildern, auch essen. Dies ist für mich gleich ein gutes Übungsfeld, da ich lernen möchte, meine Mahlzeit genau so einzunehmen, wie ich es auch auf der Station mache; egal was PatientIn X oder PatientIn Y isst.

Ich betrete ein bisschen unruhig den Speisesaal und nehme mir eine Semmel, Butter, Wurst und Marmelade. Anstelle eines zweiten Brötchens greife ich zu einem Müsli mit Joghurt und gönne mir dazu noch ein bisschen Obstsalat. Ich suche mir einen ruhigen Platz, und beginne meine Mahlzeit alleine zu genießen. Erst während des Essens bemerke ich, dass ich mit dem Obstsalat ja eigentlich eine zusätzliche Komponente habe, die gar nicht notwendig wäre. Tja, es wäre nicht nötig, aber es schmeckt einfach lecker! Alle negativen Gedanken und Schuldgefühle, nämlich, dass ich gerade zu viel esse, verfliegen nach dem ersten Bissen.

Ich lasse mir heute richtig schön Zeit, genieße und gönne mir noch eine weitere Tasse Kaffee. Herrlich, mal in Ruhe frühstücken zu können.

Nachdem ich alles gegessen und ausgetrunken habe, verlasse ich mehr als zufrieden und entspannt den Speisesaal. Mit Stolz sage ich mir: Gut gemacht!

Ich drehe draußen noch eine kleine Runde am See und lass mich von den ersten Sonnenstrahlen wärmen, bevor ich wieder zurück auf die Station gehe.

Am Nachmittag kommt Papa vorbei und ich berichte ihm von meinem morgendlichen Erfolgserlebnis.

„Das hast du richtig gut gemacht, Ines! Du kannst sehr stolz auf dich sein. Siehst du, so schlimm ist es gar nicht. Mit ein bisschen mehr Übung und dem immer und immer wieder einmal alleine essen gehen, wird das Ganze zur Routine. Dann wirst du es später zu Hause auch gut hinbekommen. Da bin ich mir sicher!"

„Danke Papa für deine lieben, motivierenden Worte. Ja, ich hatte zwar zu Beginn etwas Angst, aber im Nachhinein betrachtet war es total easy und bin ich heute richtig zufrieden und innerlich glücklich!"

Am Abend reflektiere ich den Tag noch einmal und bin einfach nur dankbar, so viel Unterstützung, mutmachende Worte und Hilfe zu bekommen, sodass ich immer wieder schon kleinere Schritte alleine schaffe.

Sorgenfrei und fröhlich lege ich mich ins Bett und schlafe recht schnell ein.

Nachdem ich wieder einen weiteren Schritt geschafft habe, kann ich doch wieder etwas Neues ausprobieren.

Schaffe ich es, einen bewegungsfreien Tag einzulegen?
Klar, warum nicht.

Montagmorgen bekomme ich das Aktometer, welches die Bewegung über einen Zeitraum von vier Tagen aufzeichnet. Geh-, Sitz-, Steh- und Liegezeit wird genau aufgezeichnet. Im Zuge dessen nehme ich mir vor, an einem Tag keinen meiner drei Ausgänge zu nutzen, sondern den ganzen Tag ausschließlich auf der Station zu verbringen. Ein sehr schwieriges und eigenartiges Vornehmen, aber ich möchte meinen Bewegungsdrang in den Griff bekommen und dazu gehört auch, dass ich mich mit solchen Situationen auseinandersetze.
Ein bisschen nervös starte ich in den Tag, überlege schon morgens beim Frühstück, ob ich bei der Belagwahl kalorienärmere Beläge wählen soll, oder mich doch für die entscheide, die ich gerne mag. Immerhin bewege ich mich heute ja 45 Minuten weniger als sonst.

Nein Ines, du nimmst das, worauf du Lust hast! Egal ob du heute raus gehst oder nicht! Du willst ja schließlich gesund werden und da gehört es auch dazu, normal zu essen. Selbst wenn du weniger Bewegung machst!

Also greife ich zu dem, was mir schmeckt und genieße die erste Mahlzeit des Tages. Zum Glück habe ich heute viel Programm. Da fällt es mir dann leichter, mich weniger im Freien zu bewegen.
Abends werden die Gedanken wieder intensiver.

Wie soll ich schlafen gehen, wenn ich den ganzen Tag nichts geleistet habe?

Ich versuche mich zu beruhigen, indem ich mir sage, dass ich zumindest einiges an Therapien hatte.
Irgendwie bin ich doch stolz, den Tag geschafft zu haben. Der erste Tag, an dem ich nicht rausgegangen bin, obwohl

ich gedurft hätte. Cool! Bewegungsdrang einmal mehr in den Hintern getreten. Ich schaffe doch mehr, als ich mir im Vorhinein denke. *Super gemacht, Ines. Schlaf gut!*

Am nächsten Morgen steht natürlich wieder das tägliche Wiegen auf dem Programm. Heute ist die Angst vor der Waage wieder größer als sonst. Und wie soll es auch anders sein, gibt es von gestern auf heute eine rasante Zunahme.

Das war so klar; einen Tag weniger Bewegung und schon schießt das Gewicht in die Höhe! Ist doch klar, wenn ich nichts tue, nur doof rumsitze und keinen Spaziergang mache, gehe ich auf wie ein Hefeteig.

Ich versuche mich selbst etwas runterzuholen und die negativen Gedanken zwar da sein zu lassen, mich dennoch nicht zu sehr von ihnen beeinflussen zu lassen.

NEIN! HALT! STOPP! Es ist doch eigentlich egal, wie schnell das Gewicht hoch geht. Schlussendlich bin ich ja genau aus diesem Grund hier! Ich will ja zunehmen. Morgen wird es bestimmt wieder anders sein, egal wie viel ich mich heute bewege. Bewegung und Gewicht hängen nicht immer unmittelbar zusammen. Ich merke doch auch, dass ich heute wieder etwas mehr Wassereinlagerungen habe. Die Zunahme hängt auf keinen Fall mit dem bewegungsfreien Tag gestern zusammen.

Diese Gewichtsschwankungen sind ja auch nur deshalb so belastend, weil wir hier täglich gewogen werden. Würde ich mich nur einmal pro Woche auf die Waage stellen, würde ich auch nicht merken, ob es einmal mehr oder weniger ist. Daher weiß ich eigentlich auch, dass sich ein Tag mit etwas weniger Bewegung nicht unmittelbar am nächsten Tag auswirkt.

Also: pfeiff drauf, spare jetzt beim Frühstück nicht ein, nimm die Beläge, die du möchtest und genieße die erste Mahlzeit; versuche ich mir selbst zu sagen.

Das Frühstück ist mittlerweile zu meiner Lieblingsmahlzeit geworden. So wenig ich es eigentlich mochte, und so sehr ich es immer rausgezögert habe, beziehungsweise es oft habe ausfallen lassen, so sehr genieße ich es nun. Ich wache meist schon mit Hunger auf und freue mich darauf, die frischen Brötchen mit Butter, Marmelade, Wurst, Honig oder anderen Belägen essen zu dürfen. Also lasse ich mir dieses geschmackliche Erlebnis nur wegen der Zunahme bestimmt nicht vermiesen.

Am Nachmittag habe ich Einzeltherapie und berichte meiner Therapeutin stolz, dass ich den gestrigen Tag eigentlich ohne größere Probleme überstanden habe.
„Klar kamen oft Gedanken auf wie: ‚ich sollte rausgehen‘, oder ‚ich kann doch nicht essen, wenn ich meinen Ausgang noch gar nicht genutzt habe‘. Aber durch die gute Ablenkung habe ich es geschafft, dem immer wieder aufkommenden Druck zu widerstehen und bin den ganzen Tag drinnen geblieben."
„Das haben Sie sehr gut gemach, Frau L. Sie sind damit gestern wieder einen großen Schritt weitergekommen. Es ist klar, dass Gedanken aufkommen, aber Sie haben es geschafft, ihnen nicht zu folgen, sondern haben sich bravourös Ihren Ängsten gestellt und konnten sich damit einmal mehr beweisen, dass Sie alles schaffen können, wenn Sie nur wollen! Nicht die Essstörung regiert über Sie, sondern Sie regieren über sich selbst! Sie alleine können entscheiden, was Sie möchten! Die Essstörung hat gestern wieder etwas mehr an Macht über Sie verloren! Seien Sie stolz auf sich; ich bin es!"

Zwei Tage später dann die nächste Therapiestunde. Diesmal etwas schwieriger.

„Wie geht es Ihnen heute Frau L.?"
„Nicht so gut, um ehrlich zu sein. Die letzten Tage kommen ziemlich viele Erinnerungen, Bilder, und Gefühle von meiner Vergangenheit hoch. Wie ein Film laufen sie vor meinem geistigen Auge ab. Ich komme damit gerade gar nicht klar. Ich halte diese Flashbacks nicht aus. Ich will das alles einfach nicht mehr sehen, nicht wissen, nicht fühlen, nicht nochmal durchleben müssen!!"
„Können Sie mir denn sagen, was Ihnen alles in Erinnerung kommt? Können Sie darüber sprechen?"

Nein, ich schaffe das nicht. Ich will das nicht erzähle. Es ist so unangenehm, so widerlich, so abscheulich. Einfach nur grauenhaft.

„Es geht um meine Schulzeit. Es war einfach so belastend."

Die Therapiestunde war intensiv, anstrengend aber sehr hilfreich. Danach fühle ich mich zwar noch ekliger, aber ich weiß, dass ich dieses Gefühl aushalten muss. Ich muss mich meiner Vergangenheit stellen, denn sonst werde ich die Essstörung nie los.
Komplett müde und erschöpft falle ich ins Bett. Schafen kann ich nur leider gar nicht. Viel zu oft kommen wieder Bilder. Ich durchlebe die Szenen von damals, fühle, rieche und spüre die Einzelheiten.
Komplett erschöpft stehe ich um 06:30 Uhr auf. Geschlafen habe ich kaum. Ich suche das Gespräch mit der Co-Therapeutin.
„Frau Luna, ich halte diese Flashbacks[2] nicht aus! Ständig sehe ich all die Momente, höre die Gespräche, fühle die

---

[2] Flashbacks: Bei Flashbacks erlebt der/die Traumatisierte so heftige körperliche Reaktionen, dass man selbst oder der Organismus denkt, man befände sich direkt wieder in der traumatischen Situation. Dementsprechend

Handlungen von damals! Ich will, dass das endlich aufhört."

„Frau L., Sie sind hier in Sicherheit! Niemand kann Ihnen jetzt wieder etwas antun. Sie alleine entscheiden, was Sie machen. Sie agieren für sich, keiner zwingt Sie zu etwas. Wenn Sie möchten, können wir morgen eine Expo[3] machen. Wir gehen in die Situation hinein, Sie durchleben die schmerzhaften, angstbesetzten Momente und ich bin bei Ihnen. Sie werden sehen, es wird Ihnen nichts passieren."

„Sehr gerne Frau Luna. Ich möchte zwar nicht alles noch einmal erzählen müssen, aber ich weiß, dass ich das noch einmal durchleben muss, um damit abschließen zu können. Bei Ihnen fühle ich mich sicher."

„Kommen Sie morgen zu mir. Ich bespreche die Details, die wir durchführen, vorab noch einmal mit Ihrer Therapeutin."

Erleichtert, aber auch etwas ängstlich, gehe ich in mein Zimmer.

Am nächsten Morgen spricht mich Frau Luna erneut an.

„Ines, wenn Sie bereit sind, kommen Sie um 11:00 Uhr zum Stützpunkt, dann machen wir die Expo gemeinsam."

Oh Mann, ich habe Angst, aber ich ziehe das durch! Ich will endlich diese Bilder vergessen und nicht mehr ständig in Angst leben. Und gewisse Lebensmittel genießen können und sie nicht mit den schmerzhaften Situationen von damals negativ verknüpfen.

Ziemlich angespannt und nervös stehe ich punkt 11:00 Uhr vor dem Stationsstützpunkt.

---

massiv sind oft körperliche und mentale Reaktionen auf diese Form des Wiedererlebens. Flashbacks können auch in Form von Albträumen auftreten.

[3] Expo im Sinne der Traumaarbeit: Hier werden traumatische Erlebnisse exponiert, um einen distanzierten Blick auf die Situation werfen zu können.

„Sind Sie bereit, Ines?"
„Ja, ich schaffe das heute."

Über eine Stunde geht die Expo. Frau Luna nimmt sich enorm viel Zeit, geht die Situationen vermehrt auf unterschiedliche Weisen mit mir durch. Am Ende vergrabe ich im Beisein von Frau Luna den ganzen Ballast im Wald. Springe noch ein paar Mal auf die verbuddelten Worte, fluche, schreie, schimpfe. Ein klein wenig Wut kommt schön langsam hoch. Gleichzeitig bin ich komplett gerädert, fühle mich, als hätte ich einen Marathon bestritten.
Mehr als dankbar beende ich die Expo.

„Danke Frau Luna, dass Sie sich die Zeit genommen haben und mir stets das Gefühl von Sicherheit vermittelt haben. Danke, dass Sie mich nicht verurteilen, sondern mir die Möglichkeit geben, mich zu öffnen und die Situationen von damals nach und nach hinter mir lassen zu können!"

Ziemlich erschöpft gehe ich in mein Zimmer und häkle noch ein bisschen, bin das Mittagessen ansteht.
Am Nachmittag gehe ich mit einer lieben Mitpatientin, die mir hier in den letzten Monaten sehr ans Herz gewachsen ist, Kaffee trinken. Ja, wieder eine neue Situation beziehungsweise eine weitere Expo für mich.

Kaffeetrinken? Untertags sich einfach mal eine Stunde hinsetzen, nichts tun und "nur" reden? Für mich ist das denkbar unmöglich – gewesen! Ich habe es schon einmal geschafft. Damals mit meiner Therapeutin. Und ich werde es auch heute wieder meistern.

Also ziehen wir unsere Jacken über, verlassen am frühen Nachmittag die Station und suchen uns ein nettes, kleines

Café. Ich bestelle mir einen Kaffee, Sandra nimmt dasselbe und bestellt sich noch ein Stück Kuchen dazu.

Wow, das möchte ich auch eines Tages schaffen! Ich bewundere ihre Stärke. Lust hätte ich schon, aber leider gelingt es mir noch nicht, mir zwischendurch auch noch etwas Süßes zu genehmigen. Vielleicht hätte ich es geschafft, mir ein Eis zu besorgen. Aber nach der Expo von heute Vormittag bin ich dazu nicht auch noch im Stande.

Ich genieße die Stunde mit Sandra sehr. Sie ist für mich hier zu einer sehr wichtigen Person geworden, mit der ich über alles reden kann, die mir die nötige Sicherheit gibt, wenn ich sie brauche, die mir aber auch immer wieder mal in den Hintern tritt, wenn ich zu lange am selben Fleck stehen bleibe.

Nachdem wir bezahlt haben, drehen wir in der Sonne noch eine kleine Runde und machen uns dann wieder zurück auf den Weg in die Klinik.

Ein richtig toller Nachmittag. Tat sehr gut, nach den ganzen Strapazen von heute Vormittag, ein bisschen abschalten und über Alltagsthemen sprechen zu können.

Nach dem Abendessen suche ich noch das Gespräch mit dem Co-Therapeuten. Ich möchte mich einfach noch einmal für die intensive Unterstützung, die ich hier bekomme, bedanken.

Herr Lewa wurde von der Expo heute Vormittag informiert und weiß über alles Bescheid. Einerseits fühle ich mich dadurch gar nicht gut, so wie ein offenes Buch, andererseits weiß ich, dass es notwendig ist, dass sich die Therapeut*innen untereinander austauschen. Nur so kann uns allen wirklich gut geholfen werden. Es ist richtig, dass alle über alle Patient*innen die nötigen Informationen haben.

„Danke Herr Lewa. Ich fühle mich durch Sie alle hier so gut aufgehoben. Ich bin dankbar, endlich meine Vergangenheit ansprechen zu können. Sie geben mir hier die nötige Sicherheit und das Vertrauen. Ich danke Ihnen, dass Sie mich weder verurteilen noch mich als ekelig betrachten.

„Frau L., Sie können sehr stolz auf sich sein! Sie haben hier schon so viel geschafft! Ich erkenne Sie kaum wieder. Sie nehmen jede Rückmeldung an, setzen sie richtig toll um und gehen täglich ein Stück weiter in Richtung gesundes Leben. Es macht mir Freude, Sie auf diesem Weg zu begleiten, denn ich sehe Ihren Willen und Ihren Kampfgeist! Machen Sie weiter so!"

Wow, das waren mal liebe Worte.

Völlig perplex über dieses Feedback gehe ich nun doch zufrieden und ziemlich müde ins Bett.

Am nächsten Morgen wache ich recht früh auf. Ich habe zwar gut geschlafen, dennoch kreisen der gestrige Tag und die Expos in meinem Kopf herum.

Ich freue mich schon sehr auf den Tag, denn Sandra und ich gehen heute gemeinsam frühstücken. Es ist für mich das erste Mal, dass ich mit einer zweiten Person, also nicht alleine, etwas essen gehe. Klar, mit der Familie habe ich schon öfter gemeinsam gegessen. Aber das war's auch schon. Ich war noch nie mit einer Freundin etwas Essen. Nervös, aber freudig, verlassen wir wieder die Klinik und gehen los.

Das Frühstück gestaltet sich als relativ einfach und unkompliziert. Sandra hilft mir immer wieder, wenn destruktive Gedanken aufkommen und gemeinsam stellen wir uns unsere erste Mahlzeit des Tages zusammen. Die gegenseitige Unterstützung tut gut.

Wir verquatschen uns ein bisschen und genießen es, einmal außerhalb der Station essen zu dürfen. Nach einer

Stunde gehen wir zufrieden zurück und ich bin etwas stolz, wieder einen Schritt in Richtung "gesundes Leben" geschafft zu haben.

Der restliche Sonntag vergeht wie im Fluge. Am Nachmittag kommt Papa wieder auf Besuch und geht mit mir eine kleine Runde spazieren. Anschließend gönnen wir uns noch einen Kaffee, Papa isst auch ein Stück Apfelkuchen. Natürlich kommt wieder die Frage, ob ich nicht auch ein Stück möchte.

Klar, lecker wäre es! Aber ich kann doch nicht zwischen dem Mittagessen und dem Abendessen einfach mal so ein Stück Kuchen oder gar Torte essen. Da würde ich doch aufgehen wie ein Hefeteig.

„Danke Papa, ich bin noch sehr satt vom Mittagessen."
„Du kannst dennoch jederzeit bei meinem Stück mittessen."

Nur ein kleines Stück, Ines. Das schaffst du. Überwinde dich! Es wird nichts passieren.

„Okay, aber nur ein kleines Stück."

Wow, ist das lecker!! Richtig gut! Am liebsten würde ich das ganze Stück alleine essen.

„Stimmt, ist wirklich sehr gut. Ich bin nur echt noch sehr voll, aber danke, dass ich einmal probieren durfte."
Immerhin habe ich es geschafft, mich zu überwinden und einen Bissen zu nehmen. Das nächste Mal möchte ich definitiv mehr schaffen. Und vielleicht schaffe ich bald ein eigenes Stück oder ein Eis zwischendurch zu essen.
So geht das Wochenende ziemlich schnell zu Ende.

Eigentlich habe ich die letzten beiden Tage wieder viel geschafft. Ein klein wenig zufrieden bin ich schon mit mir.

Die Woche startet ganz gut. Meine Therapeutin ist mit meinen Expos des vergangenen Wochenendes mehr als zufrieden und stolz, was und wie viel ich die letzten Tage geschafft habe.

Nach einer sehr intensiven Therapiestunde gehe ich motiviert und gestärkt aus dem Gespräch. Gleichzeitig habe ich aber auch große Angst, denn die nächste Expo sowie Aufarbeitung meiner Vergangenheit, wartet am nächsten Tag auf mich.

Ich weiß, dass es notwendig ist, dass ich mich der traumatischen Situationen stelle, sie anspreche und behandle. Andererseits habe ich enorme Angst davor. Zum einen gebe ich meine schambehaftete Vergangenheit preis und bin dadurch sehr verletzbar. Folglich gebe ich dadurch auch die Essstörung und meine vermeintliche Freundin ein weiteres Stück auf. Demnach bin ich in zweierlei Hinsicht gerade sehr verwundbar, ängstlich und panisch.

Ich weiß, dass es notwendig ist, dass ich diese Prozesse durchlaufe. Aber ich habe Angst davor! Immer wieder kommen Gedanken, dass ich doch besser alles beim Alten belassen sollte, meine Vergangenheit weiterhin totschweigen, meine traumatischen Erlebnisse für mich behalten und mir die (falsche) Freundschaft aufrechterhalten sollte.

Nein Ines! Du bist hier, weil du ein freies Leben führen möchtest! Und dazu gehört einfach, dass du jetzt all das aufarbeitest, dich von der falschen Person, der Anorexie, distanzierst und lernst, was für ein toller Mensch du bist! Und Angst zu haben gehört dazu. Schließlich hat die Angst ja auch etwas Gutes! Evolutionär gesehen, war dieses Gefühl sogar äußerst wichtig und sicherte unser

Überleben. Außerdem zeigt uns die Angst unsere Grenzen auf. Ohne sie würden wir den Zugang zu uns selbst verlieren. Natürlich kann sie sehr belastend und übermächtig werden, aber auch hier ist es wichtig – wie bei vielen unserer Gefühle – die Balance zu halten. Man, oder ich, darf Angst haben. Aber: sie darf mich nicht auffressen. Also: Durchatmen und los geht's. Du schaffst das.

Am nächsten Morgen steht Sandra vor meiner Tür und bittet mich, ihr heute die Haare zu schneiden.

Na toll, klar würde ich es gerne machen, aber was, wenn es ihr nicht gefällt? Was, wenn sie unzufrieden ist, ich mich verschneide, oder sie ein anderes Ergebnis erwartet?
Gleichzeitig fühle ich mich sehr geehrt, dass sie das Vertrauen in mich hat und mich an ihre schönen Locken lässt.

„Sehr gerne schneide ich sie dir. Komm einfach, wenn du Zeit hast."
Eine Stunde später steht Sandra mit Haarschneideschere und Kamm bei mir im Zimmer.
„Ich bin bereit, Ines. Tobe dich aus. Ich vertraue dir voll und ganz und freue mich, wenn meine zotteligen Haare endlich wieder einen Schnitt bekommen."
„Ich hoffe, ich schneide sie dir so, wie du es dir vorstellst! Zeig mir mal das Bild, wie du gerne aussehen würdest."
Wir gehen ins Badezimmer, breiten ein paar Handtücher auf dem Boden aus und schon lege ich los. Es macht richtig Spaß! Sandra ist sehr glücklich und hat scheinbar keinerlei Angst, ich könnte sie verunstalten.
Schneiden, Kaffee trinken, stylen; fertig. Das Ergebnis kann sich sehen lassen und Sandra ist glücklich. Ich bin auch sehr zufrieden und freue mich über ihren neuen Look.

„Das war heute mal ein etwas anderer Vormittag – hat Spaß gemacht! Und irgendwie hat es mich von den anderen Problemen und Sorgen sehr gut abgelenkt! Danke dir für dein Vertrauen, Sandra."
„Ich danke dir, dass du mich umgestylt hast!"

Wir drehen noch unsere 15-minütige Runde im Freien, bevor wir uns zum Mittagessen setzen.

Da sich die Wassereinlagerungen nun weitgehendst wieder zurückgezogen haben und mein Körper anfängt mehr Energie zu benötigen, beginnt die nächste Therapiestunde für mich nicht sonderlich erfreulich.
„Frau L., sie müssen die Essensmenge steigern. Sie können sich aussuchen, ob Sie lieber eine Zwischenmahlzeit vormittags oder nachmittags einnehmen möchten, oder beim Frühstück, Mittagessen oder Abendessen auf 150 Prozent erhöhen wollen."

Na toll! Mit so etwas habe ich schon gerechnet. Aber es kommt trotzdem immer zu früh und man ist für so eine Steigerung nie bereit!
150 Prozent Mittag mache ich nicht mehr, das steht fest!
Also bleibt mir nur noch Früh oder Abend. Das heißt entweder drei Semmeln in der Früh, oder zwei Semmeln und ein Müsli oder aber viereinhalb Brote abends.
Mann...ich mag nicht!
Ines, stell dich nicht so an, lass das kleine trotzige Kind beiseite, du wusstest was dich erwartet.

„OK, ich habe schon mit so etwas gerechnet. Ich nehme die Steigerung beim Frühstück. Darf ich allerdings nach ein paar Tagen die Steigerung abends ausprobieren und dann eine finale Entscheidung treffen?"
„Ja, das dürfen Sie, Sie müssen nur mindestens fünf Tage bei einer Mahlzeit bleiben."

Ich bin so überfordert. Muss das jetzt auch noch sein? Reichen nicht schon die anderen Themen, die Expos, die vielen Flashbacks, und das dementsprechende Verarbeiten? Muss jetzt auch noch eine Steigerung der Mahlzeit dazu kommen? Kann ich nicht einfach langsamer zunehmen und dann halt länger hierbleiben?

Klar, der Verstand sagt mir, dass das nicht geht. Dennoch ist mir das heute einfach alles zu viel. Ziemlich fertig gehe ich aus der Therapiestunde und versuche mir beim Mittagessen meine schlechte Stimmung und momentane Überforderung nicht anmerken zu lassen.

Der nächste Morgen beginnt gleich ziemlich unangenehm. Die Waage zeigt viel zu viel an.

Warum muss ich denn jetzt auch noch mehr essen, wenn das Gewicht heute eh wieder in die Höhe geschossen ist?

Mehr als genervt gehe ich zum Frühstück, nehme mir meine zwei Semmeln und ein Müsli und setze mich zum Tisch.

Warum muss das Essen nur so gut schmecken? Ja, irgendwie ist es schon sehr viel auf einmal. Dennoch ist es wirklich lecker und ich habe mir schon lange gewünscht, das Müsli einmal essen zu können. Und das geht wiederum eben nur, wenn man in der Früh eine Essenssteigerung von 100 Prozent auf 150 Prozent hat.

„Etwas unwohl fühle ich mich jetzt zwar schon, aber zumindest hat es geschmeckt", sage ich zu Sandra, die mich während des Essens immer wieder gekonnt abgelenkt und somit aus meinen Gedanken gerissen hat.

„Komm schon, nach dem Chillout[4] gehen wir unsere 20 Minuten Runde draußen und lassen mal den ganzen Frust ab", muntert sie mich auf.

Bei unserem Spaziergang berichte ich Sandra, dass mir meine Therapeutin erlaubt hat, am Samstag in der Früh anstelle der 150 Prozent meine normale Menge zu essen. Dafür darf ich mit ihr eine externe Zwischenmahlzeit einnehmen.
„Sonntags darf ich wieder mit dir Frühstücken gehen", füge ich noch hinzu.
„Das freut mich riesig, dann machen wir es uns wieder gemütlich und genießen die erste Mahlzeit außerhalb der Klinik."

Samstagnachmittag gehe ich also mit Sandra ins Café, wo wir beide unsere Zwischenmahlzeit einnehmen. Etwas gestresst und überfordert von der Auswahl überlege ich.

Kuchen? Torte? Cookies? Eis? Was möchte ich? Was möchte die Essstörung? Was hat weniger Kalorien?

„Ich kann mich nicht entscheiden, Sandra. Beginn du bitte. Ich brauche noch ein bisschen."
„Mir fällt die Entscheidung heute auch nicht leicht. Ich nehme die Buttermilch – Torte".
„Ich nehme zwei Kugeln Creme – Eis mit Früchten."

Ich hoffe, es passt von der Menge. Aber ich habe gerade richtig Lust darauf und die Creme Eissorten habe ich mir sowieso immer verboten.

Mehr als zufrieden verlassen wir beide nach einer Stunde das Kaffeehaus, drehen noch eine kleine Runde und

---

[4] Chillout: Nach jeder Mahlzeit ist für alle Patient*innen eine Stunde „Sitzzeit" verpflichtend. Sie dient dazu, das Gefühl von Völle und Sättigung auszuhalten und nicht mit destruktivem Verhalten zu kompensieren.

gehen wir wieder zurück in die Klinik. Ein sehr schöner Tag neigt sich dem Ende zu.

Heute habe ich wieder einiges geschafft und bin meinem Ziel ein kleines Stück nähergekommen. Richtig schön!

Die neue Woche startet etwas holprig. Schon am Morgen komme ich mit der Gewichtszunahme nicht wirklich klar. Warum muss ich denn plötzlich wieder so viel zunehmen? Was macht mein Körper? Ich fühle mich so unwohl und würde am liebsten davonlaufen. Rational betrachtet weiß ich ja, dass ich genau aus diesem Grund hier bin. Ich muss zunehmen, ich muss raus aus dem Untergewicht und ja, ich will es auch. Dennoch sind die Sprünge einfach oft zu viel für den Kopf.

Mit eher schlechter Laune setze ich mich an den Frühstückstisch und esse meine zwei Brötchen und das Müsli.

Danach fühle ich mich noch unwohler als zuvor, bin aber trotzdem zufrieden.

Meine Einzeltherapie verläuft heute eher unerfreulich. Ich diskutiere fast die gesamte Zeit mit meiner Therapeutin, ob ich nun die kommende Woche Käse anstelle von Wurst nehmen soll oder nicht. Nach der Stunde ärgere ich mich sehr über mich selbst.

Super Ines, richtig gut gemacht. Du hast nun wertvolle 25 Minuten wegen so eines lächerlichen Themas sinnlos verschwendet. Es gäbe viel Wichtigeres mit der Therapeutin zu besprechen, anstatt über Käse oder Wurst zu diskutieren. Heute war die Stimme der Essstörung wieder extrem laut und dominant. Ich hoffe, du nutzt deine nächste Sitzung sinnvoller.

Irgendwie verbessert sich meine Stimmung auch die nächsten Tage nicht wirklich. Ich bin traurig, ausgelaugt und würde am liebsten abbrechen. So kenne ich mich gar nicht. Ja, die Themen, die ich diesen Aufenthalt behandle, sind intensiver und schwieriger. Sie rauben mir viel mehr Energie und Kraft, als ich gedacht hätte. Aus diesem Grund möchte ich am Wochenende auch gerne einmal nach Hause fahren. Ich nehme mir fest vor, in der nächsten Therapiestunde meine Therapeutin zu fragen.

„Frau Kalp, ich würde gerne am kommenden Wochenende eine therapeutische Belastungsereprobung machen und über Nacht nach Hause fahren."
„Frau L., es tut mir leid, aber ihr Gewicht ist dafür noch zu niedrig. Wir haben hierfür eine BMI-Grenze. Sobald sie den BMI erreicht haben, können Sie gerne einmal nach Hause. Derzeit geht es aber leider noch nicht."
„Bitte, Frau Kalp. Ich kann einfach nicht mehr. Ich brauche einen kurzen Tapetenwechsel. Ich weiß nicht warum, aber ich bin so am Ende. Die Therapie zerrt so sehr an mir."
„Es tut mir leid Ines, aber die Regeln sind für alle Patient*innen gleich. Ich kann Ihnen anbieten, dass Sie einen Tagesausflug am Wochenende machen und eine Befreiung von 9:00 Uhr bis 17:00 Uhr bekommen. Mehr kann ich Ihnen leider nicht ermöglichen."

Na toll. Wieder nicht das, was ich eigentlich möchte, aber besser als nichts.

„Ja bitte, dann tragen Sie das bitte so in meine Akte ein. Dürfte ich am Wochenende noch einmal eine Zwischenmahlzeit eigenständig außerhalb der Klinik einnehmen und dafür die Steigerung bei der Mahlzeit an diesem Tag ausfallen lassen und die normale Richtmenge essen?"
„Wenn Sie mir versprechen, dass Sie es so gut wie die letzten Male machen, dürfen Sie das. Ich werde dies auch an die Co-Therapeut*innen weitergeben, sodass das Team am Samstag Bescheid weiß."

„Vielen Dank." So kann ich doch noch zufrieden und glücklich ins Wochenende starten.

Nach der turbulenten Woche genieße ich meine 20 Minuten Ausgänge heute mit Sandra sehr. Die Sonne scheint, die Vögel zwitschern; der Frühling kommt. Die ersten Blümchen sprießen aus der Erde und man kann erkennen, dass der Winter sich nun endlich verabschiedet hat.
Freudig rufe ich nach dem Spaziergang meine Schwester und meinen Papa an und berichte ihnen, dass ich am Sonntag einen Tag nach Hause kommen darf.
Sandra begleitet mich, denn auch ihr tut es gut, einmal die Klinik zu verlassen und einen Tag etwas anderes zu sehen.

So endet die Therapiewoche doch noch positiv. Glücklich, aber auch etwas geschafft lege ich mich ins Bett und schlafe zufrieden ein.

Der Samstag beginnt schon einmal ganz gut. Ich bin ausgeschlafen, fühle mich wohl und freue mich auf den Tag. Die Sonne scheint, was die gute Laune noch verstärkt.
Am Vormittag machen Sandra und ich ein bisschen „Wohlfühl-Programm" und „Selfcare", lackieren uns die Nägel, drehen die Musik laut auf und tanzen ein bisschen. Das Tanzen lassen wir aber bald wieder bleiben, denn die Co-Therapeut*innen würden uns rügen und wir hätten mit Konsequenzen zu rechnen, wenn sie das herausfinden würden.
Am Nachmittag steht für mich eine Expo an; ich gehe alleine Eis essen, da ich ja die Essenssteigerung gegen eine selbstständige Zwischenmahlzeit ausgetauscht habe.
Gut gelaunt verlasse ich die Klinik, kaufe mir beim Kaffeeautomaten noch einen Kaffee und mache mich auf den Weg zum Eisgeschäft.

Immerhin habe ich es geschafft, mir einen Automatenkaffee zu gönnen. Auch wenn er nicht sonderlich gut schmeckt, aber immerhin habe ich auf mein Bedürfnis gehört. Ein Euro dafür ist gerade noch so okay für mich; mehr hätte ich nicht ausgeben können, denn das Eis, welches ich tatsächlich nehmen muss, kostet ja auch wieder so viel.

An der Eisdiele angekommen kann ich mich nicht wirklich entscheiden; eindeutig zu viele verschiedene Sorten. Schlussendlich nehme ich dann die vereinbarten zwei Kugeln in der Waffel, bezahle, mache die „Beweisfotos" und verlasse zufrieden den Laden.

Ich drehe noch eine kleine Runde, schlecke genüsslich mein Eis und freue mich, dass ich wieder einen kleinen Schritt weiter bin. Alleine, ohne Beisein anderer, habe ich es geschafft, mir etwas zu kaufen und es auch zu essen.

Sonntag; endlich ist er da! Heute dürfen Sandra und ich nach dem Frühstück zu mir nach Hause, nach Salzburg, fahren. Mein Papa holt uns um 9:00 Uhr und bringt mich direkt zu meiner Schwester.

Wow, wie sehr habe ich meinen Ort, meine Umgebung, das Salzburgerland vermisst. Meine Schwester freut sich riesig mich zu sehen, hat extra ganz frische Topfengolatschen gebacken, damit Sandra ihre Zwischenmahlzeit mit etwas Leckerem einnehmen kann.

„Lea, ich freue mich so, nach zehn Wochen einmal zu Hause zu sein."

„Ines, ich glaub es dir, aber bitte denke nicht, dass du es jetzt auch alleine schaffen könntest. Die Klinik tut dir gut und du brauchst noch ein bisschen."

Kann meine Schwester Gedankenlesen, oder warum kommt sie darauf? Klar, kommen Gedanken: wie „ich könnte ja abbrechen" und „ich schaff das zu Hause bestimmt auch", aber der Verstand sagt natürlich auch, dass es sinnvoller ist, noch eine Zeit lang in stationärer Behandlung zu bleiben.

„Natürlich gehe ich heute Abend wieder zurück. Auch wenn ich nicht will. Aber ich weiß, dass es noch zu früh wäre."

Nach einer Tasse Kaffee und einem kleinen Stück Topfengolatsche, gehen wir kurz in meine Wohnung. Stolz zeige ich Sandra mein kleines Reich, gleichzeitig stimmt es mich auch traurig. Wie gerne wäre ich jetzt in meinen eigenen vier Wänden.

Tja, die Zeit wird kommen und dann werde ich alles noch viel mehr genießen können, versuche ich mir selbst zu sagen.

Bevor wir nach Salzburg zum Essen fahren, gehen wir drei Mädels noch zum Friedhof und besuchen Mama.

Ich habe mich schon so sehr danach gesehnt, mal wieder bei ihr vorbeizuschauen. Normalerweise bin ich täglich bei ihr, zünde eine Kerze an, streichle ihr Foto und sage ihr, dass ich sie liebhabe. Nach über zwei Monaten bin ich einfach nur dankbar, dies endlich einmal wieder nachholen zu können.

Zum Essen nehmen wir auch meine Oma mit, die sich natürlich auch riesig freut, mich und meine Freundin zu sehen.

Nach dem Essen zeige ich Sandra noch die Salzburger Altstadt. Bei traumhaftem Wetter schlendern wir komplett sorgenfrei durch die Gassen. Abgesehen von unserer Statur würde man uns nicht anmerken, dass wir essgestört, oft traurig, manchmal depressiv und teils auch schon ziemlich kampfmüde sind.

Nachdem sich Sandra noch ein Eis gönnt, müssen wir leider auch schon wieder zurückfahren. Papa holt uns ab und bringt uns wieder an den Chiemsee.

Etwas traurig, dennoch motiviert, verabschiede ich mich von Papa und betrete mit Sandra die Klinik.

„Danke, dass ich dir heute mein Zuhause zeigen durfte, Sandra."

„Ich danke dir, dass ich es sehen konnte! Es hat mir wieder Kraft und Motivation gegeben."

Nach diesem tollen und gelungenen Wochenende schlafe ich schnell und sehr zufrieden ein.

Die nächste Woche beginnt zunächst sehr positiv. Die schönen und abwechslungsreichen Momente des Wochenendes helfen, die ersten paar Tage gut zu meistern.

Im Laufe der Woche verschlechtert sich meine Stimmung dann zunehmend. Ich weiß nicht, was mit mir los ist. Ich sehe weder einen Sinn, noch habe ich Kraft und Energie zum Weiterkämpfen. Ich will irgendwie auch gar nicht mehr.

In einer Gruppentherapie sollten wir uns eine Aufgabe überlegen, die uns herausfordert. Ich entscheide mich dazu, zwei Briefe zu schreiben. Einen Abschiedsbrief an die Essstörung und einen Abschiedsbrief an meine Familie. Das Schreiben fällt mir, nicht weiter verwunderlich, ziemlich leicht. Am Ende der Therapieeinheit gebe ich die Briefe meiner Therapeutin, die glücklicherweise diese Stunde geleitet hat. Ich möchte nicht näher darauf eingehen, möchte aber, dass meine Gedanken ernst genommen werden. Ich weiß ja selber nicht genau, was ich will. Will ich wirklich mit dem Leben Schluss machen, oder bin ich gerade so stark dabei die Essstörung zu bekämpfen, dass sie sich lautstark zu Wort meldet, weil sie merkt, dass es ihr an die Existenz geht? Ich habe Angst! Angst vor mir selbst!

Nach dem Mittagessen kommen meine Therapeutin und der Oberarzt überraschend auf mich zu und suchen das Gespräch mit mir.

„Frau L., Ihr Brief hat mich dazu veranlasst, mit Ihnen zu sprechen. Ich mache mir große Sorgen um Sie. Was Sie geschrieben haben, klingt sehr ernst."

„Ich weiß, ich sage doch selbst; ich weiß nicht, was mit mir los ist. Ich habe selbst Angst vor mir und meinen Gedanken. Ich hätte bis vor kurzem selbst nicht gedacht, jemals so einen Wunsch und diese Sehnsucht zu empfinden. Daher habe ich jetzt indirekt auch den Hilfeschrei gestartet. Können Sie mir sagen, warum ich derzeit keinen Lebenswillen mehr habe? Ich merke selbst, dass ich Angst habe. Ich kann und will die ganzen schlimmen Ereignisse aus der Vergangenheit nicht noch einmal durchmachen und durchleben müssen. Gleichzeitig weiß ich, dass die Verarbeitung notwendig ist, denn sonst komme ich nie von der Essstörung weg."

„Ines, ich und das Team sind für Sie da. Sie sind jetzt in Sicherheit. Es wird Ihnen nichts mehr passieren. Ja, die Vergangenheit aufzuarbeiten wird notwendig sein, damit Sie die Essstörung in Griff bekommen. Aber ich verspreche Ihnen, wir gehen in Ihrem Tempo und ich gebe Ihnen mein Wort, Sie sind in Sicherheit! Sie müssen mir nur versprechen, sich zu melden, wenn die Gedanken schlimmer werden. Ich werde Ihnen jetzt auch täglich ein Gespräch mit den Co-Therapeut*innen einplanen lassen. Das Team weiß Bescheid, Sie müssen nichts weiter erklären."

„Okay, vielen Dank. Ich schäme mich so sehr, dass ich jetzt noch zusätzlich Probleme und Sorgen mache. Reicht es nicht, dass ich meine Familie die ganzen Jahre über und auch jetzt so belaste? Reicht es nicht, dass ich jeden nach Strich und Faden belogen habe, die letzten Jahre mit meiner Mama viel zu wenig Zeit mit ihr verbracht habe und stattdessen wie eine Irre nur dem Sport nachgegangen bin? Ist das nicht genug? Jetzt enttäusche ich auch hier wieder, weil ich erneut Probleme mache und Aufmerksamkeit auf mich ziehe."

„Ines, es ist in Ordnung, dass diese Gedanken und Gefühle gerade präsent sind. Lassen Sie es einfach so stehen. Schämen oder verurteilen Sie sich nicht. Sie sind nicht die Einzige, die solche Phasen durchmacht. Ich bitte Sie nur mir zu versprechen, dass Sie zu den Gesprächen gehen und sich melden, wenn Sie etwas brauchen. Ich möchte Sie am Montag wieder sehen."

„Vielen Dank für Ihre Worte. Ja, ich melde mich, versprochen. Ich werde versuchen am Wochenende viel Zeit mit Ablenkung zu verbringen und mit einer Mitpatientin nach Salzburg zu fahren. Vielleicht hilft das und bringt mich wieder auf andere Gedanken.

Ich wünsche Ihnen ein schönes Wochenende."

„Danke, das wünsche ich Ihnen auch! Passen Sie auf sich auf!"

Und so endet diese Therapiewoche ziemlich turbulent. Ich bin einfach nur fertig. So viel Ehrlichkeit kostet enorm viel Kraft und Energie. Einerseits bin ich froh, dass ich es angesprochen habe – denn ein Teil von mir möchte ja leben – andererseits schäme ich mich dafür und verurteile mich für meine Gedanken. Ich versuche abzuschalten und den Abend mit einem inneren Gespräch mit Mama zu beenden. So, wie es mir Herr Lewa im Co-Gespräch nahegelegt hat.

Am Samstag kommt Papa wieder und wir fahren diesmal shoppen. Die Abwechslung tut enorm gut und tatsächlich finde ich sogar ein paar Schuhe. Meine Alten sind schon komplett zu Tode gegangen und einfach nur mehr kaputt. Leider vergeht die Zeit viel zu schnell und Papa macht sich wieder auf den Heimweg. Wenn auch nur kurz, bin ich sehr dankbar, ein paar schöne Stunden mit ihm verbracht zu haben. Die Abwechslung tat unglaublich gut und hat mich aus meinen negativen Gedanken gerissen.

Den Sonntag verbringe ich wieder mit Sandra. Wir fahren gemeinsam nach Salzburg und genießen es, etwas außerhalb der Klinik machen zu können. Da wir den

ganzen Tag zur Verfügung haben, beschließen wir kurzerhand, in den Zoo zu gehen. Das Beobachten der Tiere tut extrem gut und bringen uns zum Lachen.
Tiere lösen bei Menschen ja bekanntlich dasselbe aus, wie kleine Kinder.
Von daher genießen wir die zwei Stunden und saugen so viel positive Energie auf, wie nur möglich.
Nachdem wir uns dann in der Innenstadt ein kleines, nettes Lokal ausgesucht und ein herrliches Mittagessen genossen haben, begeben wir uns schön langsam wieder in Richtung Bahnhof. Im Zug lassen wir den Tag noch einmal Revue passieren und erinnern uns an die lustigsten Momente, vor allem im Tiergarten.
So endet das Wochenende eigentlich sehr erfreulich.

Am Montagmorgen wache ich schon mit einem sehr komischen, unguten Gefühl auf. Ich kann gar nicht sagen, was mit mir los ist, aber ich habe so unglaublich starke negative Gedanken, dass ich es selbst kaum aushalte. Ich möchte meinem Leben einfach nur einen Schlussstrich setzen.
Ständig kreisen meine Gedanken, wann ich denn am besten zum Bahnhof fahren soll. Ich weiß, dass, ein Zug stündlich zur Minute 52 geht, daher müsste ich um xx:40 Uhr aus der Klinik, um dann rechtzeitig am Bahnsteig zu stehen.

NEIN! HALT! STOPP! Was denkst du da? Ines, spinnst du jetzt komplett? Willst du dich tatsächlich vor den Zug schmeißen? Ja, eigentlich schon. Nein, nicht nur eigentlich! Ja, ich will es. Ich kann nicht mehr. Ich halte die Gefühle, die Erinnerungen, die Flashbacks, all das einfach nicht mehr aus! Ich will endlich Freiheit! Endlich Ruhe! Endlich Frieden!

„Sandra, ich weiß nicht, was mit mir los ist! Ich habe so einen Druck im Brustkorb! Ich kann nicht mehr! Ich möchte mein Leben endlich beenden."

„Spinnst du? Was ist los? Sicher nicht! Ich bleibe heute jede Sekunde bei dir und du gehst mir nicht alleine raus, hast du verstanden? Hat es etwas mit dem gestrigen Tag oder generell mit dem Wochenende zu tun?"

„Ich weiß es nicht! Ich denke nicht! Ich weiß nur, dass ich nicht mehr kann. Ich halte den Druck einfach nicht aus! Ich will, dass es endlich aufhört, und das tut es nur, wenn ich dem nachgebe. Ich möchte wirklich ein Ende haben!"

„Ines, ich bin für dich da! Wir schaffen das."

Das Co-Gespräch lasse ich heute einmal bewusst aus. Ja, ich weiß, eigentlich müsste ich es wahrnehmen, da es angeordnet ist. Aber was soll ich ihnen schon groß sagen? Dass ich mich vor den Zug schmeißen will?

„Frau L., kommen Sie bitte zum Co-Gespräch. Sie hätten um 16:00 Uhr kommen sollen, also holen wir es jetzt, um 19:00 Uhr bitte nach."

„Oh, Entschuldigung, das habe ich total übersehen."

Haha!

„Wie geht es Ihnen heute? Wie hoch sind die Suizidgedanken auf einer Skala von 1-10?"

Toll, was sage ich jetzt nur? Soll ich ehrlich sein, oder soll ich der Co-Therapeutin die heile Welt vorgaukeln?

„Um ehrlich zu sein geht es mir heute echt nicht gut. Die Gedanken kreisen ständig nur um den Bahnsteig und darum, wie ich es schaffe, welche Uhrzeit ich mir aussuche. 10:52 Uhr, 11:52 Uhr, – nein, das geht nicht, da ist Mittagessen, 14:52 Uhr, 15:52 Uhr ..."

„Das heißt Sie haben heute konkrete Pläne? Sie haben sich schon komplett darauf vorbereitet?"

„Scheiße, ja. Ich weiß nicht was mit mir los ist."
„Können Sie mir versprechen, dass Sie sich heute nichts mehr antun und nicht mehr rausgehen? Es ist bereits 19:30 Uhr und ihren Ausgang haben Sie heute auch schon aufgebraucht."
„Ich hoffe es. Ich kann es nicht sagen, aber ich versuche mich abzulenken."
„Melden Sie sich bitte, wenn Sie etwas brauchen."

Verwirrt gehe ich zurück ins Zimmer und ärgere mich über meine Ehrlichkeit.

Wieder habe ich es nicht geschafft. Oder war es doch gut, dass ich so ehrlich war?

Ich weiß eigentlich gar nicht was ich wirklich will! Doch; ich will Ruhe und Frieden und einfach nur ein Ende der Gedanken und Gefühle. Eine Pause der schmerzhaften Erinnerungen.

10 Minuten später steht der Dienstarzt, welcher heute Nacht Bereitschaftsdienst hat, in meiner Tür.
„Frau L., können Sie bitte kurz mitkommen, ich möchte mit Ihnen sprechen."

Scheiße, jetzt habe ich ein Problem. So ein Mist. Warum war ich nur so ehrlich …

„Ja, ich komme sofort. Ich ziehe mir nur noch schnell einen Bademantel über."
„Frau L., die Co-Therapeut*innen machen sich Sorgen um Sie, und wenn sie sich Sorgen machen, mache ich mir auch welche! Sie hat mich informiert, dass Sie heute konkrete Pläne geschmiedet haben, wie Sie Ihr Leben beenden können. Ist das richtig?"
„Ähm … ja … ich denke schon. Ich weiß nicht, wieso ich so aufdrängende Gedanken habe. Doch, ich glaube es schon

zu wissen; es hängt mit den Traumata der Vergangenheit zusammen. Aber ich weiß nicht, warum die Gedanken so impulsiv sind und ich ihnen fast hörig bin. Ich war noch nie soweit, dass ich mein Leben freiwillig beenden hätte wollen. Derzeit ist es mir aber so einerlei, ob ich lebe oder nicht. Im Gegenteil sogar; ich wünschte, dass es endlich zu Ende wäre. Ich möchte endlich Freiheit und Ruhe."

„Frau L., Sie müssen mir versprechen, dass Sie sich nichts antun, sonst muss ich Sie auf die Psychiatrie verlegen."

„Ich weiß. Ich kann heute für gar nichts garantieren, daher gebe ich Ihnen meinen Schlüssel ab, sodass ich die Station nicht mehr alleine verlassen kann."

„Das halte ich für eine sehr gute und reife Entscheidung!"

Komplett irritiert, überfordert, schweißgebadet und fertig gehe ich aus dem Gespräch. Bin ich froh, die Entscheidung mit der Schlüsselabgabe getroffen zu haben, oder hätte ich dem Arzt nicht doch besser vorgaukeln sollen, es sei alles in Ordnung?
Ich lege mich ins Bett und versuche zu schlafen, nur leider ohne Erfolg.

Am nächsten Morgen stehe ich ausgelaugt, und schambehaftet, auf. Natürlich wissen die Therapeut*innen bereits Bescheid und dadurch habe ich noch mehr Angst. Es ist mir so unangenehm, so viele negativen Gedanken zu haben, so viel Aufsehen zu erregen und wieder im Mittelpunkt zu stehen. Tja, aber rückgängig machen kann ich es auch nicht mehr.

Vielleicht ist es doch gut, dass alle informiert wurden. Dadurch muss ich nichts erklären. Vielleicht muss ich auch genau das jetzt durchmachen, um die Essstörung ein für alle Mal in Griff zu bekommen.

Ja, denn ich weiß mittlerweile; die Essstörung ist nur ein Symptom. Ein Symptom für meine Vergangenheit. Ein

Schutzmechanismus, den ich mir während meiner traumatischen Erlebnisse angelegt habe. Daher gilt es den Ursprung, sprich meine Vergangenheit, zu bearbeiten und anschließend kann ich auch die Essstörung bearbeiten und aufgeben!

Leider ist meine Therapeutin auch diese Woche nicht da, was es mir nicht leichter macht. Ich habe nur eine Vertretungsstunde, wo ich jedoch nicht an meinen Themen weiterarbeiten kann.

Also muss Papa als Alternativ-Therapeut herhalten. Durch die vielen motivierenden Gespräche den ganzen Tag über, gelingt es mir immer wieder, doch ein Lächeln über meine Lippen zu bekommen und etwas Freude zu empfinden. Ich bin ihm unglaublich dankbar, denn trotz seiner vielen Arbeit, den vielen Meetings und Terminen täglich, ist er 24/7 für mich da, gibt mir Aufgaben, stellt mir Fragen, hilft mir, wenn ich wieder alles Schwarz sehe. Nur durch seine intensive Hilfe und Unterstützung habe ich es diese Woche geschafft, mein Leben doch nicht zu beenden. Und so bin ich noch hier.

So plötzlich, wie die Suizidgedanken kamen, genauso schnell sind sie nach circa zwei Wochen auch wieder vergangen. Mit Hilfe der Gestaltungstherapie habe ich es geschafft, die so aufdringlichen Suizidgedanken wieder etwas zu verringern. Frau Mansusa hat sich sehr viel Zeit genommen und intensiv mit mir gearbeitet. Diese Stunden haben mir so sehr geholfen, dass ich nun wieder einen Sinn im Leben sehen kann. Einen Sinn im Weiterkämpfen. Und ich schaffe es, die Gegenwart, von dem Moment der Vergangenheit zu trennen.

Nach drei Monaten habe ich es dann tatsächlich geschafft! Ich habe den BMI erreicht, mit dem man über Nacht nach Hause fahren darf. Überglücklich über die positive Nachricht rufe ich meine Schwester an und wir planen schon einmal grob, was wir die kommenden zwei Tage alles anstellen wollen.

Nach dem Frühstück am Samstag geht's los. Im Zug kann ich es schon gar nicht mehr erwarten, endlich in Salzburg anzukommen.

Mein erster Stopp führt mich ins Shopping-Center. Ich habe richtig Lust, einfach mal wieder durch die Läden zu bummeln, mich umzuschauen, Inspirationen zu holen und schlichtweg das Leben zu genießen. Es fällt mir auch gar nicht schwer, mir mittags ein Kebap zu kaufen und es zu genießen. Richtig lecker und schön; was das Leben alles so kann.

Nachdem ich genug geshoppt habe, setze ich mich in den Bus und fahre nach Hause. Meine Schwester wohnt ja gleich neben mir, von daher ist es sehr einfach, sie zu sehen. Bei ihr angekommen, gibt's noch ein leckeres Joghurt als Nachtisch. Natürlich halte ich alles mit Fotos fest. Ich möchte ja schließlich nicht, dass man mir unterstellen könnte, ich hätte nicht ausreichend beziehungsweise nicht ehrlich gegessen.

Ach, ist das schön, meine Schwester in den Arm zu nehmen und einmal wieder so richtig fest zu drücken. Nach ein paar Plaudermomenten beschließen wir, noch einmal in ein Einkaufszentrum zu fahren und ein bisschen ein Bastelzeug und Malutensilien zu besorgen. Denn am späteren Nachmittag wollen wir gemeinsam zeichnen.

Voller Euphorie gönne ich mir zwischendurch ein paar Gummibärchen und verschwende dabei keinen einzigen Gedanken an Kalorien oder dergleichen.

Nachdem wir alles besorgt haben, machen wir uns wieder auf den Heimweg, gehen noch Lebensmittel einkaufen und setzen uns zum Abendessen.

„Es ist so schön, einfach einmal wieder gemütlich bei dir zu sitzen, zu lachen, zu malen und Unsinn zu machen. Danke Lea, dass ich so einen herrlichen Tag mit dir verbringen durfte!"

„Mich freut es auch zu sehen, wie sehr du dich weiterentwickelst und an dir arbeitest! Du bist auf einem echt guten Weg.

So, und jetzt lass uns einen Walt Disney Film anschauen, bevor wir einschlafen."

Ganz bis zum Ende des Films kommen wir nicht, da wir einfach keine Nachtmenschen sind. Um 22:00 Uhr geht Lea in ihre Wohnung zurück und ich lege mich mehr als zufrieden und überglücklich auch ins Bett.

Am nächsten Morgen wache ich ausgeschlafen und zufrieden auf. So gut habe ich schon lange nicht mehr geschlafen. Nachdem ich beim Bäcker frisches Gebäck eingekauft habe, überrasche ich meine Oma mit einem Croissant und setze mich mit ihr zum Frühstück. Danach mache ich mich wieder auf den Weg zu Lea. Mit ihr möchte ich heute den Film zu Ende schauen und dabei ein bisschen malen.

Nach ein paar Stunden in denen wir wieder mehr Blödsinn als Sinnvolles gemacht haben, macht sich Lea ans Mittagessen. Ein bisschen Angst habe ich schon.

Was wird sie kochen? Wieviel Öl wird sie verwenden? Kann nicht ich mich um den Salat kümmern und das Öl einfach weglassen?
NEIN! HALT! STOPP! Ines, du vermasselst dir mit den blöden Essstörungsgedanken doch nicht das Wochenende! Lea kocht nie fett, sie kocht gut, es schmeckt dir jedes Mal und sie würde nichts machen, was dich komplett überfordern würde! Also geh raus, drehe eine kleine Runde und entspanne dich!

„Lea, während du kochst, gehe ich kurz raus. Ich denke es ist besser so, denn ich möchte nicht, dass die Essstörung vielleicht einen blöden Kommentar abgibt. Bereite alles so zu, wie du es sonst auch machen würdest. Ich freue mich aufs Essen, denn um ehrlich zu sein knurrt mir schon der Magen."

„Das halte ich für eine sehr gute Idee. In circa 30 Minuten steht das Essen am Tisch."

„Okay, mach ich. Bis später."

Etwas unruhig gehe ich eine kleine Runde durch den Ort und lasse mich von den frühlingshaften Sonnenstrahlen wärmen. Die spielenden Kinder lenken mich gut ab und bringen mich zum Lachen.

Nach den ausgemachten 30 Minuten kehre ich zurück und freue mich schon beim Öffnen der Türe über den Duft, der mir entgegenweht. Mein Magen knurrt und freudig setze ich mich an den gedeckten Tisch.

„Wow, Lea! Es schmeckt echt sehr gut! Ich freue mich gerade so sehr, dass ich es einfach nur genießen kann und keine Gedanken über Kalorien oder Inhaltsstoffe verschwende!"

„Freut mich, wenn es dir schmeckt!"

Den Nachmittag verbringen wir noch gemeinsam am Balkon und spielen mit Papa ein paar Spiele. Viel zu schnell vergehen die letzten Stunden, ehe er mich wieder zurück in die Klinik bringt. Etwas traurig steige ich aus dem Auto und betrete das Gebäude. Wer weiß, vielleicht kann ich ja schon bald wieder über Nacht nach Hause.

Nächsten Morgen wache ich erneut mit Angst vor der Waage auf.

Habe ich ausreichend gegessen? Hat alles gepasst? Habe ich eh nicht abgenommen?

Fragen über Fragen.
Wiegen.
Freude!
Das Gewicht ist gleichgeblieben! Ich bin so glücklich und berichte sofort meiner Familie davon.

Nach dem tollen Start kann heute wirklich nichts mehr schief gehen. Auch meine Therapeutin ist erfreut und gratuliert mir zu meinem Erfolg.
Nach der Visite beim Chefarzt bin ich noch glücklicher. Ich werde heute für die weiterführende Station angemeldet! Juhu! Wartezeit sind circa zwei Wochen. Ich kann es kaum glauben und freue mich einfach so sehr! Endlich tut sich wieder etwas und es geht bergauf! Voller Freude drehe ich mit Sandra meine 20-Minuten-Runde und berichte ihr von den neuesten Ereignissen.

Diese Freude hält leider nicht lange an. In der nächsten Einzeltherapie-Sitzung werde ich von meiner Therapeutin nicht sonderlich freudig empfangen.
„Frau L. ich bin mit einigen Sachen mehr als unzufrieden."
„Wieso? Was habe ich falsch gemacht? Was passt denn nicht?"
„Ich habe Ihnen gesagt, dass ich Sie für die weitere Station anmelden werde, wenn ich es für richtig erachte. Ich finde es nicht in Ordnung von Ihnen, dass Sie dieses Thema in der Visite ansprechen."
„Aber, ich habe doch nur..."
„Nein, ich bin Ihre Therapeutin und der Wechsel ist unter anderem eine Teamentscheidung. Wir finden, dass Sie noch nicht so weit sind."
Ich mache wirklich ständig alles falsch. Was soll ich denn sagen, wenn mich der Chefarzt fragt, was gerade so aktuell bei mir los ist. Natürlich bin ich dann ehrlich und teile meine Gedanken offen mit.

„Es tut mir leid, ich wollte Sie nicht verärgern. Ich wollte doch nur auch wieder einen kleinen Lichtblick haben. Ich möchte einfach nur sehen, dass es weiter geht." „Ich habe Sie schon verstanden, dennoch ist es noch nicht der richtige Zeitpunkt. Sie werden für die weiterführende Station angemeldet, wenn ich es für passend erachte. Des Weiteren müssen wir über eine weitere Mahlzeitensteigerung sprechen, da Ihr Gewicht derzeit stagniert."

„Nein, kann ich es bitte über das Wochenende noch selbst versuchen. Ich werde täglich eigenständige Snacks zu mir nehmen. Sollte sich am Montag kein Erfolg zeigen, bin ich gerne bereit eine Steigerung in Kauf zu nehmen."

„Nein. Nachdem Sie bereits die erste Steigerung auf den Abend gewechselt haben, können Sie mir bis morgen sagen, ob Sie in der Früh oder zu Mittag die zweite Erhöhung haben wollen. Oder ob Sie lieber eine Zwischenmahlzeit einnehmen möchten.

Außerdem bekommen Sie am Wochenende keinen weiteren Ausgang. Sie können Ihre 3 Mal 20 Minuten nutzen. Mehr ist dieses Wochenende nicht drinnen.

Wir sehen uns morgen wieder. Ich wünsche Ihnen einen schönen Tag."

Toll! Was für eine produktive Stunde! Ich weiß einfach nicht mehr, was ich machen soll! Ich will nur noch weg! Will meine Koffer packen und nach Hause gehen! Ich kann nicht mehr! Ja, mein Gewicht stagniert zurzeit. Aber noch eine Steigerung? Nein, ich schaff das nicht! Ich habe Angst, dass ich dann mit Sport im Badezimmer beginne, oder wieder anfange, das Essen nicht runterzuschlucken und in die Serviette zu spucken. Aber diese Ängste kann ich mit meiner Therapeutin definitiv nicht teilen, da ich sonst bestimmt noch länger auf eine Verlegung warten muss.

Also komm Ines! Du schaffst das! Tritt der Essstörung in den Hintern, stelle dich deinen Ängsten und zieh es durch!

„Guten Morgen Frau L., schön Sie zu sehen", entgegnet mir meine Therapeutin in der heutigen Sitzung.
„Fr. Kalp, ich habe zwar Angst, aber ich entscheide mich für die Essenserhöhung zu Mittag."
„Wovor haben Sie Angst?"
„Dass der Bewegungsdrang wieder stärker wird."
„Sollte das der Fall sein, melden Sie sich bei der Co-Therapie. Wir werden dann eine Lösung finden beziehungsweise Strategien erarbeiten, die Ihnen Ablenkung verschaffen."
„Dürfte ich bitte am Wochenende mehr Ausgang bekommen? Ich bin im grünen Gewichtsbereich, habe jetzt dennoch zusätzlich eine Steigerung der Mahlzeit und halte mich an alle Verträge."
„Nein, die letzte Woche verlief nicht so, wie erwünscht. Sie können Ihre 3 Mal 20 Minuten nutzen, mehr bekommen Sie nicht."

Toll! Ich kann demnach nicht einmal Papa sehen! Ich werde doch nicht von ihm verlangen, dass er wegen 20 Minuten über drei Stunden im Auto sitzt. Ich kann einfach nicht mehr! Ich will abbrechen. Wie soll ich das Wochenende nur überstehen? Essenssteigerung ja, aber mehr Ausgang, nein? Ich schaff das nicht.

Samstag, Sonntag. Die meisten sind auswärts, durften nach Hause fahren oder können das schöne Wetter draußen genießen. Ich sitze alleine in meinem Zimmer und versuche mich abzulenken. Ich räume auf, häkle, spiele Dart, bastle Stressbälle für die anderen Patient*innen, welche sie als Abschiedsgeschenk von mir bekommen.

Gott sei Dank vergeht die Zeit schneller als ich dachte. Am Sonntagabend bin ich wirklich froh, dass das Wochenende vorbei ist und die nächste Therapiewoche beginnt.

„Frau L., schön Sie zu sehen. Wie war Ihr Wochenende?", fragt mich meine Therapeutin.
„Sehr trostlos, aber ich bin froh, es ausgehalten zu haben. Es war ein großer Lerneffekt für mich, einmal komplett alleine, ohne Pläne, spontan in den Tag leben zu müssen. Es war zwar nicht sehr erfreulich, aber dennoch danke ich Ihnen für die Konsequenz und Härte am Freitag. Eine andere Wochenendgestaltung wäre mir zwar lieber gewesen, aber für die Genesung war dies dennoch das Richtige. Ich denke, ich habe die letzten beiden Tage viel gelernt, was mich weiter in Richtung Gesundheit bringt. Ich danke Ihnen."
„Das freut mich zu hören. Ja, es war auch für mich nicht schön, Sie so traurig zu sehen. Aber ich wusste, Sie schaffen es und ich bin stolz auf Sie, dass Sie es ausgehalten und gut gemeistert haben. Auch Sie können stolz auf sich sein."

Zwei Tage später, die nächste Therapiestunde. Dieses Mal wieder weniger erfreulich.
„Guten Morgen Fr. L. Wie geht es Ihnen heute?", begrüßt mir Fr. Kalp noch sehr nett.
„Danke, ich denke ganz gut. Ich bin zufrieden und zuversichtlich."
„Das freut mich zu hören. Ich habe heute den neuen Therapievertrag für Sie mit, mit dem wir nun weiterarbeiten können. Ich bitte Sie, ihn sich durchzulesen. Ich denke es ist für Sie, für mich und für das Team gut, anhand des Vertrages weiterzuarbeiten. Nur so können wir Ihre Essstörung weiterhin gemeinsam und erfolgreich behandeln und beide Seiten wissen, an was Sie sich zu halten haben."

Na, da bin ich ja einmal gespannt, was da wieder drinnen steht.
„Ich gehe mit dem Vertrag nicht ganz konform und würde Sie bitten, ein paar Punkte mit mir noch einmal zu besprechen und auch zu adaptieren."
„Frau L., ich habe eigentlich nicht vor, an dem Vertrag etwas zu ändern. Sie können sich bis morgen überlegen, ob Sie dem so zustimmen und ihn so unterschreiben, oder ob Sie nach Hause gehen möchten."

Bitte was? Ich habe zwei Möglichkeiten? Entweder zu 100 Prozent zu allem Ja und Amen sagen, oder abbrechen? Das kann es doch echt nicht sein! Ich will eigentlich nicht nach Hause, aber wenn Fr. Kalp, auch nicht bei ein paar Punkten mir entgegenkommt, dann sehe ich keine andere Wahl!

„Papa, ich kann nicht mehr! Es geht einfach so nicht weiter. Ich schicke dir einmal den Vertrag und bitte dich, mir deine Sicht zu schildern. Das kann einfach nicht so weitergehen."
„Ich lese ihn mir in Ruhe durch und melde mich danach! Kopf hoch, du schaffst das."

Klar, ich schaffe immer alles. Aber irgendwann ist auch bei mir der Punkt erreicht, wo ich nicht mehr kann und nicht mehr will.

„Ines, ich habe mir den Vertrag durchgelesen und ich bitte dich, mir mal kurz zuzuhören. Versuche dich eine Stufe höher zu stellen. Die Therapeutin möchte dir wirklich aus deiner Krankheit helfen. Für dich hört sich das ganze wie eine Strafe an, ist es aber nicht. Sie reicht dir die Hand. Du musst sie nur nehmen. Auch wenn es schwer ist, aber die Essstörung wird sich sonst immer wieder ihre Schlupflöcher suchen."

„Ich verstehe nicht, was du meinst! Ich fühle mich so ungerecht behandelt. Ich halte mich doch an alles, versuche überall mitzumachen, ehrlich zu sein, mich Herausforderungen zu stellen. Ja ich weiß, vorgestern bin ich wieder einmal viel zu schnell gegangen. Ich habe mich aber an meine 20 Minuten Ausgang gehalten, habe die Zeiten richtig eingetragen und habe nicht geschummelt. Nur weil ich in meinem Tempo gehe und von einer Therapeutin gesehen wurde, die meine Psychologin informiert, folgt prompt die Konsequenz: Bewegungsfreier Tag. Das ist doch nicht gerecht."

„Doch Ines, sie versuchen doch alle nur, dir aus deiner Krankheit zu helfen. Ja, es ist für dich schwer. Ja, die Bewegung ist ein großes Thema bei dir. Aber nein, du kannst dich nicht nur darauf ausreden, dass du dich an deine Ausgehezeiten hältst. Du musst auch lernen, dein Tempo etwas zu reduzieren. Dafür bist du auch in der Klinik und das Team und deine Therapeutin wollen dir dabei helfen."

„Ja, ich weiß ja, dass ich zu schnell gehe. Aber ich kann doch nicht nur Konsequenzen bekommen. Hast du auch gelesen, dass im Vertrag steht, dass wenn ich noch einmal zu schnell gehe, ich fliegen könnte? Dass der Stationswechsel wieder weiter nach hinten geschoben wird? Mir wurde zugesichert, dass ich bei einem bestimmten Gewicht wechseln darf, und jetzt wurde das Gewicht erneut nach oben gesetzt."

„Versuch zu sehen, dass Sie dir helfen wollen, Ines. Schau mal, wenn du mit deinem jetzigen Bewegungsdrang schon auf die weitere Station kommst, wirst du wieder rückfällig werden. Du bekommst jetzt gerade jede erdenkliche Unterstützung. Nimm sie an. Rede noch einmal mit Fr. Kalp, erkläre ihr deine Ängste und du wirst sehen, sie wird dir auch in ein paar Punkten entgegenkommen. Nur eines; rede MIT ihr und nicht GEGEN sie."

„Frau Kalp, ich habe noch einmal nachgedacht und ich wollte Sie fragen, ob Sie mir beim Stationswechsel ein wenig entgegenkommen können."

„Schön, dass Sie einwilligen und ja, ich kann Ihnen hier ein wenig entgegenkommen. Wenn Sie das ausgemachte Gewicht über einen längeren Zeitraum halten, werde ich Sie anmelden. Frau L., Sie machen das gut. Vertrauen Sie auf sich und Ihre Stärke. Sie haben auch mit einem höheren Gewicht die Berechtigung, auf eine weiterführende Station zu wechseln. Ihre Angst, Sie könnten schon zu dick dafür sein, ist vollkommen unbegründet.

„Ich versuche Ihnen mal zu glauben, allerdings fällt es mir äußert schwer."

„Sie schaffen das. Ich kann Ihnen auch sagen, dass Sie am Samstagnachmittag drei Stunden Ausgang bekommen und am Sonntag nach dem Frühstück bis zum Abendessen nach Hause fahren dürfen. Genießen Sie Ihr Wochenende."

„Vielen Dank!"

Angst vor der nächsten Woche habe ich schon! Ich habe mir vorgenommen, auf meine Wurst zu verzichten und jeden Abend Käse zu essen. Ich hasse Käse und Wurst gibt mir mittlerweile Sicherheit. Außerdem habe ich Angst, dass ich dann noch schneller zunehme. Ich habe ja eh schon zwei Steigerungen und das Gewicht schießt momentan viel zu schnell nach oben. Wenn ich dann auch noch täglich Käse esse, explodiere ich Ende nächster Woche bestimmt.

Ach was, ist doch egal. Vielleicht kann ich so dann schneller die Station wechseln, versuche ich mich zu beruhigen.

Ein klein wenig stolz bin ich, dass ich mir diese Ziele vorgenommen habe und hoffe, so auch Frau Kalp beeindrucken zu können.

„Frau L., wie geht es Ihnen heute?", begrüßt mich meine Therapeutin in der nächsten Stunde.

„Danke, um ehrlich zu sein bin ich seit langem endlich einmal innerlich so richtig stolz. Ich weiß, das hört sich jetzt bestimmt ziemlich überheblich an, aber ich bin mit meinen Fortschritten sehr zufrieden und freue mich, was ich die letzten Monate alles geschafft habe. Ich weiß auch nicht, warum das jetzt so plötzlich kommt, aber irgendwie ist das Gefühl sehr schön."

„Es freut mich zu hören, dass Sie endlich Ihre Leistungen sehen und wertschätzen können! Schaffen Sie es mir aufzuzählen, worauf Sie alles stolz sind?"

„Ich möchte wirklich nicht, dass es sich doof anhört, aber ich bin irgendwie stolz darauf, dass ich von Anfang an ehrlich war und, dass ich die Richtmenge mit den zwei Mahlzeitenerhöhungen esse."

„Lassen sie das "irgendwie" und "klein wenig" weg."

„Okay, ich bin stolz darauf, dass ich nicht mehr Lebensmittel kaue und in die Serviette spucke, sondern dass ich ehrlich meine Mahlzeiten zu mir nehme.

Ich bin stolz darauf, dass mein Bewegungsdrang viel weniger intensiv ist. Dass ich gerne mal einfach nur Puzzle baue und nicht im Stehen häkle. Ja, ein bisschen verunsichert es mich schon, andererseits finde ich es toll, dass ich auch diesen Fortschritt schon gemacht habe.

Ich bin stolz darauf, dass mir Käse nichts mehr ausmacht; ja es wird nicht mein Lieblingsnahrungsmittel werden, aber ich verende nicht, wenn ich ihn einmal sieben Tage lang essen muss. Ich habe auch gesehen, dass ich nicht explodiere, dass ich nicht unkontrolliert, und rasend schnell damit zunehme, sondern dass es kontinuierlich steigt.

Ich bin stolz darauf, dass ich auch sieben Tage ohne mein sicheres Nahrungsmittel auskommen kann, dass Wurst zwar gut und lecker ist, aber ich dennoch täglich aufwache, wenn ich sie einmal weglasse.

Ich bin stolz darauf, dass ich trotz des massiven Durchhängers vor drei Wochen nicht aufgegeben, sondern weitergekämpft habe.
Ich bin stolz darauf, dass ich Feedback mittlerweile annehmen kann und nicht daran zerbreche.
Und ich bin stolz darauf, dass ich mir Hilfe holen und annehmen kann."
„Frau L. ich freue mich sehr, dass Sie all das auch so sehen und benennen können. Haben Sie noch Themen, an denen Sie weiterarbeiten möchten, beziehungsweise Hilfe brauchen?"
„Natürlich. Im weiteren Verlauf möchte ich auf alle Fälle weiter mein Selbstbewusstsein stärken. Heute habe ich in der Einzel-Bewegungstherapie wieder eine sehr gute Übung gemacht und mich getraut, mal meine Wut und meinen Ärger an einem Boxsack abzulassen und dabei zu schreien. Es hat unglaublich viel Überwindung gekostet, aber es tat gut! Und ich bin froh, dass ich mich darauf eingelassen habe und meine inneren Ängste überwunden habe. Ich möchte weiters lernen, für mich einzustehen, hinter meinen Taten und Worten zu stehen und selbstbewusster zu werden.
Ich möchte natürlich auch an der Gewichtszunahme arbeiten und die Bewegung weiterhin besser unter Kontrolle zu bekommen. Auch, oder erst recht dann, wenn negative Gefühle aufkommen. Denn da ist der Drang, mich zu bewegen, nach wie vor sehr groß.
Ich möchte weiter die Traumata bearbeiten und lernen, die Vergangenheit, Vergangenheit sein zu lassen und Lebensmittel neutral bewerten zu können. Auch wenn ich traumatische Erfahrungen mit gewissen Produkten hatte, stellen sie heute keine Bedrohung mehr für mich dar."

Was für eine Erkenntnis. Keine einfache, aber eine wichtige. Egal ob Banane, Frischkäse oder Körnerprodukte; all diese Nahrungsmittel gefährden mich weder, noch können abartige Sachen mehr damit angerichtet werden. Denn ICH bin in der Lage STOPP zu sagen. ICH habe das Zepter in der Hand und ICH kann Grenzen setzen.

„Ich freue mich sehr, dass auch Sie genau wissen, woran Sie noch weiterarbeiten möchten. Ines, ich denke, das war heute eine sehr produktive Stunde und ich freue mich mit Ihnen so gut arbeiten zu können. Machen Sie weiter so. Sie sind auf dem richtigen Weg. Ich wünsche Ihnen ein schönes Wochenende und genießen Sie Ihren vermehrten Ausgang."

„Danke Frau Kalp. Ich danke Ihnen sehr, dass Sie mir immer wieder die nötige Konsequenz an den Tag legten. Ich bin froh, hiergeblieben und nicht abgereist zu sein, als es schwierig wurde. Danke!"

Die nächste Woche verläuft für mich sehr positiv. Ich bin innerlich sehr zufrieden, stolz und gelassen. Ich kann Dinge viel mehr genießen als früher, mache mir weniger Sorgen wegen Kleinigkeiten und kann die Gewichtszunahme gut akzeptieren. Meine Aktometerauswertung ist auch gut und ich habe im Vergleich zur letzten Messung deutliche Fortschritte erzielt, was die Gehgeschwindigkeit anbelangt. Auch in der Einzeltherapie kann ich weitere Themen gut behandeln und mit den traumatischen Ereignissen aus der Vergangenheit weiter abschließen.

Am Ende der Woche kommt Frau Kalp auf mich zu und übermittelt mir die freudige Nachricht; ich werde endlich für die weiterführende Station angemeldet. So kann ich mehr als zufrieden ins Osterwochenende starten und freue mich, dass zweite Mal innerhalb der letzten vier Monate, über Nacht nach Hause fahren zu dürfen.

Auch das Wochenende verläuft äußert positiv; Eierfärben, Osterlämmer backen, Osternester herrichten. So zufriedenstellend, lustig und gelassen war ich schon lange nicht mehr zu Hause. Auch das gemeinsame Kochen klappt ebenfalls sehr gut. Heute merke ich, was für große Fortschritte ich in den letzten Monaten in der Klinik gemacht habe.

Leider vergehen die beiden Tage wieder viel zu schnell. Am Abend bringt mich Papa zurück in die Klinik. Bevor ich mich von ihm verabschiede, kaufen wir uns noch ein leckeres Eis. Bei dem Wetter ist das wirklich ein perfekter Abschluss eines mehr als schönen Wochenendes.

„Bis nächste Woche und danke für die tollen Tage, Papa!"

„Ich danke dir, du hast es wirklich gut gemacht. Nur versprich mir eins; fürchte dich nicht zu sehr vor der Waage morgen. Du hast dein Bestes gegeben und ich bin mir sicher, es wird alles passen."

„Du kennst mich zu gut. Klar habe ich Angst, dass ich vielleicht etwas weniger als am Samstag haben könnte, aber ich versuche zuversichtlich zu sein. Komm gut nach Hause."

Jippi! Ich freue mich so sehr. Die Waage zeigt gleich viel an, wie am Samstag. Okay, ich habe nicht zugenommen, aber ich habe es geschafft, mein Gewicht das Wochenende über zu halten. Ich bin irgendwie stolz auf mich. Zuhause ist es doch wieder etwas anderes als in der Klinik. Das richtige Einschätzen der Portionsgrößen, die passende Menge an Butter, all das sind Faktoren, die es daheim schwerer machen. Wer hat schon Portionspäckchen zuhause. Also wer außer mir? Aber welcher gesunde Mensch hat so etwas im Vorrat? Umso mehr freue ich mich über meinen Erfolg und starte somit richtig positiv in die Woche.

Heute haben wir Lehrküche. Ich bin schon etwas nervös, denn die letzten Aufenthalte habe ich es nie geschafft, mich an die Rezeptangaben zu halten. Ich habe überall eingespart, wo es nur ging. Diesmal mache ich es anders, sage ich mir schon vorab.

100g Reis, 150g Käse, 1 EL Öl. Ich könnte auch nur 100g Kä...NEIN! HALT! STOPP, Ines! Du willst doch nicht schon wieder denselben Mist machen wie im letzten Jahr. Du willst doch EHRLICH stolz auf dich sein, wenn du es geschafft hast richtig zu kochen!

„100g Reis, passt das so?", frage ich die Therapeutin der Lehrküche.

„Ja, es ist korrekt. Die Menge benötigen Sie. Auch wenn es anfangs viel aussieht, aber Sie haben ja auch 150 Prozent mittags. Es ist vollkommen okay so. Ihr Körper braucht das."

„Danke für die beruhigenden Worte, so fällt es mir leichter."

Mit Mut und Freude, wenngleich auch mit etwas Angst, mache ich mich ans Kochen. Das Ergebnis ist äußerst zufriedenstellend und schmeckt einfach nur lecker. Ich bin so stolz, es endlich einmal geschafft zu haben, bei keiner Zutat eingespart und alle Angaben in der richtigen Menge verwendet zu haben. Echt cool!

So vergeht eine weitere Woche sehr positiv. Ein bisschen frustriert bin ich dennoch, denn ich wünschte so sehr, ich würde endlich einmal Info bekommen, wann ich die Station wechseln darf. Hier merke ich, dass schön langsam die Luft raus ist. Ich möchte endlich weiterkommen. Ja, auf der anderen Station ist es auch nicht viel anders; ich muss genauso weiter in Begleitung essen, ich habe genauso Therapien. Dennoch zeigt es mir, dass ich schon Fortschritte gemacht habe, dass sich meine Mühen, mein Kämpfen und mein Durchhaltevermögen ausgezahlt haben und ich eine Belohnung bekomme.
Warum ist mir diese Belohnung nur so wichtig? Ich weiß es selbst nicht so genau. Ich könnte mir doch die Bestätigung selber geben, aber das ist mir nicht ausreichend. Ich brauche immer die Anerkennung und

das Lob von außen. Ich weiß, dass ich hier noch sehr viel an mir arbeiten muss.
Mit diesen Gedanken beende ich die Therapiewoche, nehme mir mein Buch und setze mich nach einem kleinen Spaziergang in die Sonne. Die Sonnenstrahlen und das viel zu warme Frühlingswetter machen gleich gute Laune.

Am Sonntag holt mich Papa nach dem Frühstück wieder ab und wir fahren nach Hause. So kann ich bis zum Abendessen ein paar Stunden daheim verbringen. Ich freue mich riesig in meiner, vertrauten Umgebung sein zu können.
„Ich dachte mir, ich koche heute Mittag Hähnchenschnitzel mit Reis und Zitronensauce."
„Können wir nicht grillen, Papa?"
„Nein, ich möchte etwas kochen. Ist das nicht in Ordnung für dich? Ich dachte, du magst das sehr gerne."
„Schon, aber..."
„Was aber...?"
„Ich ... nein ich ... keine Ahnung. Wir können uns doch auch etwas holen."
„Wo ist das Problem. Ich bin es leid, ständig mit dir über das Essen diskutieren zu müssen."
„Ich will auch nicht mit dir darüber diskutieren, ich möchte nur was anderes haben."
„Gut, was willst du?"
„Keine Ahnung."

Toll, es wäre wirklich besser gewesen, ich wäre in der Klinik geblieben. Immer diese scheiß Diskussionen wegen des Essens.

„Es tut mir leid Papa, aber ich schaff das noch nicht. Ich schäme mich eh total dafür. Ich weiß, ich bin noch lange nicht am Ende der Therapie, aber ich habe auch schon Fortschritte gemacht. Eines ist aber noch nicht vorstellbar für mich; ich schaffe es nicht, von dir etwas Angebratenes

zu essen. Ich habe so ein schlechtes Gewissen! Nur bin ich damit einfach komplett überfordert. Ich weiß, dass ich es lernen muss und auch möchte, nur bitte gehen wir dieses Thema in Ruhe an und nicht heute. Es tut mir leid."
„Ja, da musst du noch einiges lernen. Dennoch ist es gut, dass du mir das so sagst. Wir finden eine Lösung. Jetzt freu dich lieber, dass du rauskommst, und grüble das Essen nicht zu Tode. Es wird was geben, was dich nicht überfordert und was dir schmeckt."

Tja, nicht zu viel grübeln…wie soll das denn gehen? Panik, Angst und Fluchtgedanken kommen auf. Ich fühle mich wie ein scheues Reh, das einfach nur abhauen will. Aber um ehrlich zu sein, was bringt es mir, wieder davon zu laufen und mein jahrelanges, immer gleiches Verhalten erneut zu praktizieren? Weit bin ich damit ja nicht gekommen. Also; ablenken, andere Gedanken zulassen und vertrauen.

So versuche ich mich zu beruhigen.

„Wir haben heute einen wirklich tollen Tag verbracht. Danke Papa. Danke auch, dass du meinen kleinen, oder größeren Vogel bei der Autofahrt so problemlos wegstecken konntest."
„Ja, war ein erfolgreicher Tag. Danke dir für deine Inspirationen bei der Gartendekoration."
So verabschiede ich mich von Papa und gehe zufrieden in mein Zimmer.

Die nächste Einzeltherapiestunde beginnt für mich sehr gut.
„Frau L., ich habe gute Nachrichten für Sie. Sie können in zwei Wochen die Station wechseln."

Was?? Noch zwei Wochen? Soll ich mich jetzt wirklich freuen? Ja klar, der Anstand gebührt es. Aber Freude

kommt keineswegs hoch! Ich bin verärgert, dass es noch
so lange dauert. Jetzt warte ich schon vier Wochen auf
den Platz. Was mache ich nur falsch, dass es so lange
dauert?

„Oh, noch zwei Wochen. Schade, ich hätte gehofft, dass es
schneller gehen würde."
„Derzeit sind die Wartezeiten leider länger. Sollte es
dennoch früher möglich sein, werde ich Sie natürlich
informieren, aber stellen Sie sich aber lieber mal auf den
23.4. ein.
Haben Sie denn etwas, das Sie in den nächsten zwei
Wochen noch bearbeiten möchten?"
„Ja, um ehrlich zu sein, komm ich einfach nicht mit der
Körperschemastörung klar. Ich sehe mich so dick, weiß
aber, dass es nicht stimmt. Klar, das Gewicht sagt, dass es
zu wenig ist und ich noch zunehmen muss. Ich selbst sehe
mich aber eigentlich schon als übergewichtige, fette
Person, die keinerlei Berechtigung mehr hat, auf einer
Komplexstation sein zu dürfen. Aus diesem Grund ist es
für mich auch so furchtbar, noch zwei Wochen hier
bleiben zu müssen."
„Gut, dass Sie das ansprechen. Es ist schon einmal positiv,
dass Sie anhand der Kilogramm wissen, dass Sie noch
stark   untergewichtig   sind.   Ihre   schwere
Körperschemastörung ist natürlich nicht innerhalb von
ein paar Wochen behandelbar, aber wir können gerne mal
ein Bild von Ihnen anfertigen. Bereiten Sie doch bis zur
nächsten Stunde ein Abbild Ihres Selbst vor. Zeichnen Sie
sich so, wie Sie sich sehen und bitten Sie dann eine Co-
Therapeutin, sie auf demselben Blatt abzuzeichnen. Dann
können wir sehen, wie stark Ihre Selbstwahrnehmung von
der Realität unterscheiden."
„Das hört sich gut an."

Zurück auf der Station bitte ich gleich eine Co-Therapeutin mir Papier zu geben, um mich selbst darauf zu skizzieren.
Ich bekomme zwei Blatt A1 Papier.

Was mache ich mit zwei Blättern? Das ist viel zu wenig! Da passe ich nie im Leben drauf.

„Ähm...könnte ich bitte noch zwei Blätter haben, denn ich kann mir nicht vorstellen, dass ich von der Breite her auf ein so ein Blatt passe."
„Natürlich. Gut, dass Sie es ansprechen. Sie sollen sich ja auch so zeichnen, wie Sie sich selbst sehen."

Mit den vier Blättern Papier gehe ich etwas unsicher zurück ins Zimmer, klebe sie aneinander und beginne mit der Skizze.

Oh Mann, die vier Blatt Papier sind noch immer zu wenig. Okay, ganz knapp geht es sich aus.
„Ich bin fertig. Können Sie mich jetzt nachzeichnen?"

Ich lege mich auf das Papier und die Co-Therapeutin zeichnet meine Konturen nach.

„Wow. Das ist ja mal ein enormer Unterschied. Das soll wirklich ich sein, was Sie da nachgezeichnet haben? Warum sehe ich das nicht? Warum sehe ich einen dicken, fetten Kasten und nicht das, was tatsächlich ist?"

„Sie haben die Essstörung schon über 20 Jahre. Es ist klar, dass Ihr Eigenbild so verzerrt ist. Versuchen Sie nur sich jetzt nicht mehr allzu viel damit zu beschäftigen, sondern besprechen Sie es mit Ihrer Therapeutin."

Etwas verwundert rolle ich das Papier zusammen, verstecke es in meinem Schrank und mache mich auf zur nächsten Therapie; Lehrküche steht am Programm.

Heute koche ich Pfannkuchen mit Quarkfüllung. Eine große Herausforderung. Vor allem die Sahne löst einen großen Stress bei mir aus.

Sahne nehmen oder schnell durch Milch ersetzen? Jetzt ist die Therapeutin gerade nicht da, ich könnte schnell ... NEIN! HALT! STOPP! Ines, spinnst du! Lass den Scheiß. Du hast schon so vieles erreicht, also pfeiff auf die zwei Esslöffel Sahne. Die bringen dich nicht um! Du hast heute zum Frühstück auch das erste Mal seit 20 Jahren ein Glas Saft getrunken. Davor hattes du genauso große Angst. Und? Was ist passiert? Nichts. Es hat sogar geschmeckt! Also! Reiss dich zusammen, nimm die Lebensmittel, wie sie im Rezept stehen. Also auch in der richtigen Menge. Du bist weit stärker als diese blöde Essstörung, die sich immer wieder ihre Wege sucht, dich auf ihre Seite zu ziehen.

„Können Sie mir kurz helfen? Ich habe gerade Schwierigkeiten mit der Sahne. Können Sie mit mir die zwei Esslöffel abmessen?", bitte ich die Therapeutin. „Gut, dass Sie sich Hilfe geholt haben. Es ist klar, dass immer wieder Schwierigkeiten auftauchen. Daher ist es sehr toll, dass Sie nicht den bekannten Weg der Vermeidung gehen, sondern um Hilfe bitten. Sie können sehr stolz auf sich sein."

Das Ergebnis spricht für sich. Auch beim Herausbacken mit Butter kamen zwar aufdringliche Gedanken, dennoch habe ich es geschafft, sie zu ignorieren und freue mich nun über das sehr leckere Essen.

Die Woche verging wieder mehr als schnell und ich darf am Wochenende über Nacht nach Hause fahren.

Mit großer Freude steige ich zu Papa ins Auto und bin einfach nur glücklich und zufrieden, was ich alles geschafft habe.

Nachdem wir zu Hause angekommen sind und ein paar Blumen besorgt haben, steht das Mittagessen an.

„Können wir uns heute eine Pizza holen?", frage Lea meinen Papa.

„Klar, sagt welche und ich hole sie."

Ernsthaft? Muss das sein? Ja, ich hätte zwar Lust nach über 20 Jahren mal wieder Pizza zu essen, aber gleichzeitig bin ich vollkommen überfordert. Pizza hat so viele Kalorien.

Halt Ines! Pizza ist eigentlich nur Brot mit Belag das im Ofen gebacken wird, versuche ich mich selbst zu beruhigen. Brot schmeckt dir und damit hast du auch keine Probleme, genauso wenig wie mit Tomatensauce, Schinken und Gemüse. Ja, Käse ist noch ein wenig problematisch, hast du aber auch die letzten Male super gut gemeistert. Also sag Papa, worauf du Lust hast, stelle dich deiner Angst und versuche es zu genießen.

„Für mich bitte eine Pizza Verdure."

Am besten ohne Öl und ohne Käse, denke ich mir, spreche es aber natürlich nicht aus.

15 Minuten später sitzen wir gemeinsam beim Tisch und alle haben die bestellte Pizza vor sich. Zaghaft wage ich einen Bissen.

Eigentlich ganz lecker. Wären da nicht die vielen Kal...NEIN! HALT! STOPP! Hör auf zu denken!

„Danke, dass wir heute Pizza essen. Ich bin zwar sehr gestresst und überfordert, andererseits muss und möchte

ich mich diesem Gericht auch endlich einmal stellen. Und um ehrlich zu sein, schmeckt es auch richtig gut!"
„Freut mich, dass du dich nicht quergestellt hast, sondern dasselbe isst, Ines", lobt mich meine Schwester.

Cool, wieder etwas geschafft. Wieder einen Schritt in Richtung Gesundheit und weg von der Essstörung. Ja, auch wenn die Gedanken gerade nicht so berauschend sind, habe ich es zumindest geschafft, das Essen über nicht ständig Kalorien zu zählen und Panik zu schieben, sondern habe mich am Gespräch beteiligt und den guten Geschmack genossen.

Zufrieden bringt mich Papa am Sonntag wieder zurück.

Die letzte Woche auf der Komplexstation beginnt sehr positiv. Das Wochenende über habe ich es wieder geschafft, mein Gewicht zu halten, was mich mehr als freut.
Auch meine Therapeutin ist zufrieden und gratuliert mir zu meinen Erfolgen und meinem Wandel, den ich die letzten Wochen über hingelegt habe.
Da ich am Mittwoch einen externen Termin zu Hause habe, darf beziehungsweise muss ich gleich in der Früh von der Klinik losfahren. Ich darf mir die Semmeln und die Beläge mitnehmen und im Zug essen. Ein klein wenig nervös bin ich schon.
Im Zug suche ich mir einen Platz mit Tisch, hole meine Semmeln, Butter und Aufstriche raus und beginne die Semmelhälften wie üblich zu bestreichen.
Ich bin irgendwie sehr von mir selbst überrascht; es kommen nicht ansatzweise Gedanken, wie, dass ich die Butter weglassen, oder statt zwei Semmeln nur eine essen könnte. Und dass, obwohl es mir eigentlich heute gar nicht gut geht. Ich hatte die Nacht über so viele Flashbacks, mir ekelt so sehr vor mir selbst, ich habe Angst und fühle mich sehr unwohl. Dennoch schaffe ich

es komplett, die Gefühle vom Essen zu trennen. Mehr als zufrieden steige ich aus dem Zug, erledige den Termin und denke nicht groß über das vergangene Frühstück und das kommende Mittagessen nach.

12:00 Uhr. Hunger habe ich zwar noch keinen, dennoch weiß ich, dass ich etwas essen muss. Ich treffe meine Schwester und die Entscheidung wird sehr schnell getroffen.

„Ines, ich habe Lust auf Mc Donalds."

„Okay, wenn du magst, dann gehen wir dort hin."

„Echt jetzt? Ich dachte da kommt jetzt bestimmt ein NEIN."

„Wieso nicht, das letzte Mal, dass ich dort etwas gegessen habe, ist 25 Jahre her. Irgendwann muss ich schließlich auch die Angst vor Burger und Pommes verlieren."

„Cool, danke."

Also bestellen wir Burger und Pommes, setzen uns hin und verspeisen das doch irgendwie leckere Fast Food. Klar, mein Lieblingsgericht wird es nicht, dennoch bin ich stolz, mich endlich über dieses Essen getraut zu haben. Abschließend gönne ich mir noch zwei Kugeln Eis, bevor ich mich wieder in den Zug setze und zurück in die Klinik fahre.

Die nächste beziehungsweise vorletzte Einzelstunde nutze ich, Fr. Kalp zum einen von meinem Erfolg des gestrigen Tages und dem Auswärtsessen zu berichten, zum anderen um ihr von meinen Flashbacks zu erzählen.

Die Schilderung der negativen Erlebnisse fällt mir extrem schwer. Aber ich weiß, dass ich es ansprechen muss. Ich weiß, dass diese Geschehnisse Grund dafür sind, warum ich nie mehr als das derzeitige Gewicht haben wollte. Warum ich nie eine etwas weiblichere Figur wollte und warum ich immer die Notbremse gezogen und wieder abgenommen habe.

„Frau L., ich danke Ihnen für Ihr Vertrauen! Es war bestimmt nicht leicht, all die Erblebnisse angesprochen zu haben, aber Sie können sehr stolz auf sich sein. Mit diesen Themen können Sie gut auf der weiterführenden Station arbeiten. Ich weiß, dass Sie auch dort wieder sehr viel Vertrauen und Sicherheit brauchen, aber ich bin mir sicher, Ihre neue Therapeutin kann Ihnen hierbei helfen. Ich werde eine sehr detaillierte Übergabe schreiben, damit Sie nicht wieder von ganz vorne beginnen müssen."

„Vielen Dank Frau Kalp. Ich danke Ihnen für Ihre Hilfe, Ihre Motivation, Ihre liebevolle Härte, Strenge und Konsequenz. Ich weiß, dass Sie immer in meinem Wohl gehandelt haben und niemals gegen mich als Person waren. Ich habe Sie oft verflucht, Ihre Art wie Sie mich behandelt haben als ungerecht, gemein und fies abgewertet. Heute weiß ich, dass Sie immer in meinem Wohl gehandelt haben, immer versucht haben, die aufkommende Stimme der Essstörung schnellstmöglich zu unterdrücken und den gesunden Anteil zu stärken. Danke Ihnen!"

„Wenn Sie möchten, dürfen Sie Ihr letztes Wochenende wieder nach Hause fahren. Tanken Sie Kraft und Energie und erholen Sie sich gut, bevor der Wechsel ansteht."

„Was wirklich? Ich darf echt wieder heim? Ja sehr gerne. Ich freue mich so sehr!"

Glücklich und zufrieden, wenn auch etwas wehmütig, verlasse ich den Raum. Ich hatte echt sehr viel Glück mit meiner Therapeutin.

Das letzte Wochenende darf ich wieder zu Hause verbringen. Ich bin sehr froh, noch einmal über Nacht in meinem eignen Bett schlafen zu dürfen. Ich sehne mich nach Ruhe und Entspannung. Tatsächlich mache ich die beiden Tage nichts anderes als Häkeln und Spielen. Am Sonntag schaffe ich es sogar, mich von Papa bekochen zu lassen.

Wieviel Öl nimmt er wohl beim Abbraten? Soll ich nicht doch sagen, ich mach es. NEIN! Ich schaffe das!

Papa zeigt mir, wie er es macht und siehe da, er frittiert nicht; er brät die Zwiebel ganz normal an. Um ehrlich zu sein schmeckt es auch richtig lecker!

„Danke Papa, für das gute Mittagessen. Ich bin ein klein wenig stolz es geschafft zu haben, endlich mal von dir bekocht zu werden und die Angst, dass du zu viel Öl verwenden könntest, beiseitegeschoben zu haben."

„Ja, richtig cool, was du heute geschafft hast. Ich weiß, ich bin der beste Koch", retourniert Papa lachend.

Der letzte Tag vergeht wie im Fluge. Ich bin mit Einpacken, Verabschieden und den letzten Co-Gesprächen ziemlich gut beschäftigt[5].

Am 23.4.2024 ist dann der große Tag. Nach 139 Tagen verlasse ich die Komplexstation und wechsle auf die weiterführende Station nach Rosenheim. Die Therapeut*innen und Co-Therapeut*innen von der Station kenne ich noch. Ein bisschen ängstlich betrete ich das Gebäude.

Was werden die wohl über mich denken? Frau L., schon wieder hier? Wieder nicht geschafft? Wieder versagt? Wird sie es wohl diesmal schaffen? Wird sie ehrlich sein? Will sie denn überhaupt etwas ändern?

All diese Gedanken schwirren in meinem Kopf umher. Etwas nervös betrete ich den Raum und begrüße meine Therapeutin.

„Hallo Frau Sarl. Es tut mir leid, dass ich wieder hier bin. Aber ich denke mal, aller guten Dinge sind drei..."

„Hallo Frau L. Schön Sie zu sehen. Entschuldigen Sie sich bitte nicht, dass Sie wieder hier sind. Als ich gehört habe, dass Sie wieder hierherkommen, habe ich Sie gerne als meine Patientin genommen. Ich freue mich auf die Zusammenarbeit mit Ihnen und ich höre schon aus dem ersten Gespräch mit Ihnen heraus, dass Sie sehr motiviert sind, die Essstörung hier bei uns weiter zu behandeln.

---

[5] Ich möchte hiermit auch noch einmal allen Co-Therapeut*innen, Ärzt*innen und Therapeut*innen ein großes Dankeschön ausrichten. Sie haben mich die letzten 20 Wochen hier so intensiv, herzlich, ehrlich, streng und liebevoll begleitet.
Frau Luna, Frau Noma, Frau Brau, Frau Blau, Frau Schak, Frau Roch, Frau Broe, Frau Lais, Frau Mai, Sandra, Frau Hün, Herr Dr. K, Herr Dr. Fasib, Herr Dr. Magar. Durch und mit derer Hilfe habe ich es geschafft, die Essstörung weiter hinter mir zu lassen und einen großen Schritt in Richtung freies Leben zu gehen.

Und eines der ersten Themen, an denen wir arbeiten werden, wird auch Ihr Perfektionismus und Ihr hoher Anspruch an Sie selbst sein. Natürlich bearbeiten wir auch ihre Traumata, dennoch denke ich, sollten wir uns schleunigst Ihrem Selbstwert annehmen. Machen Sie sich nicht so klein und schlecht. Auch wenn der letzte Aufenthalt nicht so gut verlief, konnten Sie dennoch viele Erkenntnisse daraus ziehen und stehen heute an einem anderen Punkt. Vergleichen Sie die Aufenthalte nicht miteinander und nutzen Sie die Zeit hier, um weiter so gute Fortschritte zu erzielen, wie Sie es bisher gemacht haben."

„Okay. Vielen Dank, dass Sie mich nicht verurteilen oder abwerten, weil ich letztes Mal so viel Mist gebaut habe. Ich weiß, dass die kommende Zeit schwer, intensiv und anstrengend wird. Aber ich bin auch ein klein wenig neugierig, was auf mich zukommt."

Etwas erleichtert verlasse ich den Raum, gehe in mein Zimmer und packe die restlichen Sachen aus.

Die erste Woche verging ziemlich schnell. Ich habe recht gut Anschluss gefunden und fühle mich soweit ganz wohl auf der Station. Jedoch plagt mich die Ungeduld sehr. Ich habe kaum etwas an Therapien, habe weit weniger Ausgang als auf der alten Station und sitze wieder am komplett überwachten Tisch. So sehr ich den Wechsel herbeigesehnt habe, so sehr vermisse ich die Komplexstation mit all ihren Regeln und den hart erarbeiteten Freiheiten. Ich versuche mich über das Wochenende stark zu motivieren, was allerdings komplett misslingt. Auch der Besuch von meinem Papa und meiner Schwester endet im Streit. Sie verstehen einfach nicht, dass ich gerade an dem Punkt bin, wo ich keinen Bock mehr habe. Klar weiß ich, dass ein Abbruch vollkommen sinnlos wäre, aber die Motivation fürs Weitermachen ist halt auch nicht da.

So endet der Kurzbesuch weniger zufriedenstellend und ich gehe traurig und verzweifelt ins Bett.

Am 1. Mai wache ich schon mit einem sehr mulmigen Gefühl auf. Schon wieder Feiertag. Schon wieder kein Programm. Wobei sonderlich groß unterscheidet sich der Tag jetzt auch nicht von den anderen, stelle ich fest. Ich habe sonst auch nicht viel Programm.

„Wollen wir heute nach dem Frühstück in den Park gehen und ein bisschen spielen, reden und die Sonne genießen?", frage ich Julia.

„Ja, sehr gerne. Dann treffen wir uns später. Ich freue mich."

So vergeht der Vormittag doch noch sehr schnell und unterhaltsam.

Mittagessen: heute gibt es Spaghetti Bolognese. Oh mein Gott, das habe ich zum letzten Mal vor circa 15 Jahren gegessen. Dann noch die eineinhalbfache Portion, da ich

mittags ja auch eine Essenssteigerung habe. Ich bin überfordert und die Angst wird immer größer.
„Hier Frau L., ihr Essen."

Ernsthaft? Sag, spinnt ihr? Das sind doch keine 150 Prozent, das sind glatt 200 Prozent. Das kann ich nicht essen. Und dann auch noch Milchreis als Nachtisch. Ich schaffe das nicht. Das sind bestimmt 1000 Kalorien!

Ich beginne zu zittern, versuche mir die Überforderung aber nicht anmerken zu lassen. Während des Essens bin ich sehr ruhig. Ich versuche die Nudeln zu zählen, was sich allerdings als sehr schwer gestaltet, da Spaghetti kaum ganz bleiben, wenn man sie kocht.

Wie kann ich das nur überleben, wenn ich nicht einmal die genaue Anzahl an Nudeln weiß. Ich kann so natürlich auch nicht die exakte Kalorienanzahl der Mahlzeit ausrechnen.

Widerwillig esse ich meine Mahlzeit bis auf die letzte Nudel auf. Stehen lassen würde ich nichts. Das würde meinem Perfektionismus widersprechen.

Am Nachmittag versuche ich mich zuerst mit einem Spaziergang und anschließendem Spielen mit Julia und Nadja abzulenken. Die Freundschaft zu ihr bedeutet mir sehr viel. Auch wenn ich sie erst vor einer Woche kennenlernen durfte, ist es für mich so, als würde ich sie schon viel länger kennen.

17:15 Uhr: Abendessen.
Nicht schon wieder etwas essen.
Ich bin doch noch so voll von Mittag, habe mich kaum bewegt. Wie soll ich dann schon wieder vier Brote in mich reinstopfen. Morgen ist auch noch Wiegen angesagt. Da steht dann bestimmt ERROR auf der Waage, weil ich die

maximale Belastung überschritten habe. Ich könnte doch...NEIN, spinnst du!??!? Nur ein bisschen. Nur mit einer Packung Butter, oder eventuell mit zwei. NEIN! HALT! STOPP!, Ines! Du fängst den Scheiß bestimmt nicht wieder an. Nur weil heute kein(e) Therapeut*in bei der Tischbegleitung ist, nur weil du heute alleine mit deinen TischnachbarInnen essen kannst, heißt das noch lange nicht, dass du wieder beginnst dich selbst du bescheißen. Du wirst die Butter komplett essen und nicht in die Serviette spucken. Auch wenn das Mittagessen heute sehr viel war und du Angst vor einer Zunahme hast, ist das kein Grund dafür, wieder Rückschritte zu machen.

So esse ich meine vier Brote mit den entsprechenden Belägen und den drei Päckchen Butter. Nach dem Essen bin ich irgendwie stolz auf mich. Ich habe heute Abend der Essstörung gewaltig in den Hintern getreten. Auch wenn es anfangs etwas schwer war und destruktive Gedanken aufkamen, hatte ICH das Zepter in der Hand. ICH habe mich für den richtigen Weg entschieden und heute habe definitiv ICH gewonnen.

Zufrieden, aber auch müde, gehe ich ins Bett. Ein wenig nervös vor der Waage bin ich schon, versuche mich aber zu motivieren, in dem ich mir immer wieder mein Ziel vor Augen halte; ein gesundes, freies, glückliches Leben, wo Reisen, Spaß und Freude nicht mehr zu kurz kommen dürfen.

Nächster Tag, 06:40 Uhr. Wiegen.
Natürlich zeigt die Waage viel zu viel für mich an.

Hätte ich gestern nicht doch besser die Butter verschwinden lassen sollen? Nein, Ines. Du weißt genau, dass das auch nicht viel am Gewicht verändert hätte.

Etwas missmutig begebe ich mich zum Frühstück und esse meine drei Semmeln.

Sonderlich wohl fühle ich mich dabei nicht, weiß aber, dass es notwendig und gut ist, dass ich die Menge heute nicht heimlich reduziere. Ich will ja schließlich gesund werden und dazu gehört es nun mal auch, trotz notwendiger Gewichtszunahme, normal weiter zu essen.

Ich rufe mir wieder ins Gedächtnis, warum ich hier bin:

- Um Gewicht zuzulegen
- Um Ängste vor Lebensmitteln zu verlieren
- Um meinen Bewegungsdrang in Griff zu bekommen
- Um gesund zu werden und ein freies, unbeschwertes Leben führen zu können

Ich schaffe es den Tag über gut, meine morgendlich aufkommenden negativen Gedanken vom Essen zu trennen und lasse mir meine Stimmung nicht vermiesen.

In der nächsten Therapiestunde spreche ich mit meiner Therapeutin über meine Ängste: zu schnell zuzunehmen und mit den körperlichen Veränderungen nicht klarzukommen. Frau Sarl kann mich allerdings beruhigen und ist gewillt, mich weiter auf dem Weg zu unterstützen. Allerdings ist sie der Meinung, dass ich noch weitere 4kg zunehmen muss, bevor ich zusätzliche Therapien bekomme.

Mit dieser Information komme ich gar nicht klar.

Wie soll ich denn weiter zunehmen, wenn ich kaum Therapie habe? Ich brauche doch diese gerade dafür, um mit den Veränderungen klarzukommen, um weiter an den Traumata zu arbeiten. Ich kann nicht einfach nur dahocken, alleine mit den vielen Flashbacks sein, alleine mit der erforderlichen Zunahme sein; einfach alles alleine managen. Das kann ich zu Hause auch.

Wie sehr sehne ich mich wieder nach der Komplexstation, wo ich zumindest mehr Therapien hatte und nicht komplett auf mich alleine gestellt war. Die nächsten Tage gestalten sich sehr schwierig. Meine Motivation wird immer weniger, ich fühle mich zunehmend weniger verstanden, habe kaum Therapien und stehe mit meinen Ängsten, Sorgen und Problemen alleine da.

Ich fühle mich zunehmend unwohler und der Gedanke, nach Hause zu gehen intensiviert sich täglich.
Ich führe einige Gespräche mit Flora, welche ich im letzten Klinikaufenthalt kennengelernt habe und mit der ich nach wie vor fast täglich im Austausch stehe.
„Flora, ich kann so einfach nicht mehr. Ich bin mir sicher, dass ich es jetzt wirklich zu Hause schaffen würde."
„Glaubst du das wirklich, oder ist die Stimme der Essstörung gerade sehr laut? Die Angst davor, weiter an Gewicht zuzunehmen und die Köperveränderungen zu akzeptieren?"
„Ich weiß es nicht. Nein, ich glaube eigentlich nicht. Ja, ich weiß, dass es daheim herausfordernd wird und ich echt dranbleiben muss. Ich weiß, dass ich es vom ersten Tag an nicht schleifen lassen darf. Aber ich weiß auch, dass es derzeit hier keinen Sinn mehr macht. Du bist für mich das beste Beispiel, dass es funktionieren kann, wenn man nur will."
„So rosig läuft es bei mir aber auch nicht immer ab und ich habe auch vereinzelt Tage, an denen ich sehr mit dem Essen und der Bewegung zu kämpfen habe."
„Und was machst du in genau solchen Phasen? Was hilft dir, nicht rückfällig zu werden?"
„Ich versuche mich immer an unsere gemeinsamen Momente zu erinnern. An den Spaß und die Freude, die wir hatten, als wir unsere erste gemeinsame Zwischenmahlzeit genossen haben. An unser erstes gemeinsames „Nicht-Zero" Getränk. An unsere Schaukelstunden, anstatt blöd in der Gegend

herumzulaufen. Und genau das erinnert mich dann wieder, was es heißt zu Leben. Spaß zu haben funktioniert nur, wenn man dem Körper auch ausreichend Nahrung zukommen lässt. Wenn sich die Gedanken ständig ums Essen drehen, dann geht der wahre Sinn fürs Leben komplett verloren. Ja, genau das versuche ich mir dann stets aufs Neue zu sagen. Ich versuche, auch wenn es schwer ist, mir Herausforderungen zu stellen, um nicht Gefahr zu laufen, mich nicht weiterzuentwickeln und irgendwann stehen zu bleiben und mein „sicheres Terrain" nicht verlassen zu wollen. Selbst wenn es nicht auf Anhieb klappt, und ich an einer mir selbst auferlegten Challenge mal scheitere, habe ich jedes Mal daraus gelernt und brauche halt für die eine oder andere Aufgabe mal einen zweiten Versuch. Das Wichtigste ist eben nur, niemals aufzugeben. Auch wenn es mal sehr schwer ist."
„Wow! Danke dir! Wie gesagt, ich weiß, dass ich nicht lockerlassen darf. Aber ich bin mir gerade wirklich sicher, dass ich es hinbekomme."
„Geh noch einmal in dich, lass das Gespräch sacken und entscheide dann in Ruhe."
„Danke Flora. Hab noch einen schönen Nachmittag, ich halte dich auf dem Laufenden."

Das aufschlussreiche Gespräch, sowie Pro- und Contra Listen, haben mich zu dem finalen Schluss gebracht, meine Koffer zu packen und die Heimreise anzutreten.
Ich weiß, wo ich auf keinen Fall mehr hinmöchte. Auch, wenn sie mir das Leben gerettet haben, ist der Wunsch nie wieder stationär aufgenommen werden zu müssen so enorm groß, dass ich es definitiv zu Hause schaffen möchte und werde. Wissend, dass es nicht leicht wird.

Meinen Papa und meine Schwester informiere ich nur kurz, da diese nicht zu Hause sind. Über meine kurzfristige Entscheidung waren sie weniger erfreut.

„Ich weiß, dass es schwer werden wird. Ich weiß, dass ich zu Hause weiter zunehmen muss, will und werde. Aber ich weiß auch, dass es so für mich hier nicht mehr möglich ist. Ich kann nicht mehr. Das Nichts an Therapien. Das komplette auf mich allein gestellt sein, macht wenig Sinn, Papa. Ich wünsche euch einen guten Rückflug und wir sehen uns morgen zu Hause, wenn du möchtest."

„Wie du meinst, Ines. Ich werde dir da nicht dazwischenreden, du musst wissen, was du für richtig hältst. Meine Meinung kennst du. Ich würde weiter in der Klinik bleiben, aber wenn du meinst, nach Hause gehen zu wollen, werde ich mich auch nicht quer stellen. Du bist alt genug. Ich möchte nur, dass du weißt, dass dein Körper eine Abnahme und diesen extrem kritischen Zustand kein weiteres Mal überleben wird."

„Ich weiß Papa. Glaube mir, ich habe definitiv nicht mehr vor, abzunehmen. Ich will und werde es zu Hause schaffen!"

Ich schaff das zu Hause. Ich werde es allen beweisen. Vor allem aber, werde ich es mir selbst beweisen.

Ich lasse mich von den Zweifeln und Ängsten der anderen nicht beeinflussen und setze meinen Plan in die Tat um.

So verlasse ich am 6. Mai, nach 152 Tagen, 309 Semmeln, 675 Scheiben Brot, 7,7kg Butter und mit 16kg mehr Körpergewicht bei strahlendem Sonnenschein die Klinik und freue mich auf mein neues Leben. Ich weiß, die Zeit zu Hause wird anfangs schwierig werden. Aber ich bin voller Zuversicht, dass ich es schaffen kann. Ich werde daheim noch weiter zunehmen, meine Mahlzeiten weiter ganz normal einnehmen, nichts aufschieben, nichts schönreden und dranbleiben.

Drei Stunden später bin ich zu Hause. Überglücklich, wenn auch ziemlich fertig, betrete ich meine Wohnung. Kurz vor Ladenschluss gehe ich noch schnell ein paar Lebensmittel einkaufen, um ein Abendessen zu mir nehmen zu können. Zufrieden setzte ich mich zum Tisch und lass mir meine zwei Gebäckstücke, Wurst, Butter und Aufstrich schmecken.

Wie und was ich essen muss, habe ich die letzten Monate in der Klinik gelernt. Es kommen keinerlei Gedanken, etwas einsparen oder weglassen zu können.
Richtig cool! Ich weiß, dass ich es schaffen werde.
Am nächsten Morgen wache ich gut ausgeschlafen und etwas hungrig auf.
Frühstück auslassen? - Nein, auf keinen Fall. Ich freue mich darauf. Ich freue mich, einmal etwas anderes essen zu können. So gönne ich mir zu meiner Butter-Marmelade-Semmel noch einen Porridge.
Anschließen gehe ich zu Lea, die ja gleich nebenan wohnt.
„Schön dich zu sehen Kleines", begrüßt sie mich freudig.
„Hey. Ich bin so glücklich dich mal wieder drücken zu können. Wie war euer Urlaub?"

Die Zeit vergeht wie im Fluge. Wir plaudern, spielen, kochen und verbringen ein paar schöne Stunden gemeinsam. Auch den ersten Einkauf machen wir zusammen.

Was kauft man so ein? Was gehört in einen Kühlschrank einer nicht essgestörten Person? Bestimmt nicht nur Light Produkte und Diätmargarine.

Also kaufe ich Marmelade, Wurst, Butter, Brot und normale Milchprodukte ein.
„Danke Lea, dass du dir die Zeit genommen hast und mich bei meinem ersten Einkauf unterstützt hast."

114

„Gern. Ich weiß, dass du es schaffst. Du musst nur dranbleiben und nicht Angst haben.

„Hast du Lust mit mir ein paar Tage wegzufahren? Ich habe mir, als ich in die Klinik ging, vorgenommen, mich nach dem Aufenthalt mit einem Kurzurlaub zu belohnen."
„Ich komm zwar gerade vom Urlaub, aber ja, sehr gerne."

So buchen wir ein kleines, schönes Hotel für zwei Tage. Ich freue mich sehr darauf, endlich einmal bei einem Frühstücksbuffet nicht nur zu Obst und Gemüse zu greifen, sondern normal zu essen. Ich sehne mich sehr danach, ein paar Tage einfach nur in Ruhe zu genießen und abzuschalten.
Bevor wir am Freitag losfahren, bin ich noch schnell bei meinem Hausarzt, wo das wöchentliche Wiegen stattfindet. Ich möchte weiterhin zu Hause zunehmen und dafür ist es notwendig, genauso wie in der Klinik eine Gewichtskurve mit einer wöchentlichen Zunahme zu definieren.
Nachdem ich komplett nüchtern zum Wiegen erschienen bin, findet das Frühstück im Zug statt. Etwas stolz lasse ich mir die erste Mahlzeit schmecken und fühle mich nicht mehr anders, sondern ganz normal.
Nach der Ankunft beziehen wir unser Hotel und machen uns auf den Weg, die Stadt ein bisschen zu erkunden.
„Ines, ich habe gerade eine sehr spontane Idee. Hättest du Lust in die Therme zu gehen?"

Was? Therme im Frühling? In die Therme bei 25 Grad und Sonnenschein? Ich wollte doch in der Stadt rumlaufen? Wobei wollte ich das wirklich? Nein, eigentlich nicht. Eigentlich habe ich mich nach Ruhe und Erholung gesehnt.

„Ja, warum nicht. Ich habe einen Bikini mit."

115

„Echt? Ich dachte nicht, dass du so ohne Weiteres einwilligst. Freut mich. Dann lass uns den Bus suchen und in die Therme fahren."

30 Minuten später sitzen wir bereits im warmen Wasser. Kaum untergetaucht, kommt eine sportliche Frau an den Beckenrand und verteilt Schwimmhilfen. Was wird das? Aquagymnastik. Etwas albern kommen wir uns schon vor, aber das Aquagym wollen wir uns dann doch nicht entgehen lassen.
„Oh mein Gott wie peinlich. Ich habe so etwas noch nie gemacht, aber irgendwie ist es sogar ganz lustig."
„Finde ich auch. Echt cool, dass du so spontan sein kannst."

Nach drei Stunden begeben wir uns wieder zum Ausgang und suchen uns ein nettes Lokal für ein Abendessen. Mehr als zufrieden und müde gehen wir ins Zimmer, quatschen noch ein bisschen und schlafen bald darauf ein.

Nächster Morgen. Frühstück.

Was esse ich denn nur? Joghurt? Obst? Gemüse? Äh nein. Du freust dich doch auf ein normales Essen. Also greife zu dem, was du die letzten Monate über auch gegessen hast.

So lasse ich mir meine Semmeln mit Butter, Marmelade und Wurst schmecken und schließe das Frühstück mit einem Obstsalat und Joghurt ab.
„Echt richtig cool, so normal zu essen. Klar kamen ein paar negative Gedanken auf, aber ich habe es geschafft, sie beiseitezuschieben."
„Ja, Ines, ich fand auch, dass du es heute sehr gut gemacht hast. Du kannst stolz auf dich sein und ich finde es richtig schön, mit dir endlich einmal so einen unbeschwerten Urlaub machen zu können."

So vergehen die drei Tage wie im Fluge. Mehr als zufrieden steigen wir am Sonntag wieder in den Zug nach Hause ein und ich bin ein klein wenig stolz, wie gut ich es schaffe, Essen und Bewegung in Balance zu halten.

Am nächsten Morgen wache ich zufrieden, aber auch etwas nervös auf. Da ich selber keine Waage in meiner Wohnung mehr habe und ein Mal pro Woche beim Hausarzt wiegen bin, habe ich mit meiner Schwester die Vereinbarung getroffen, mich ein zweites Mal bei ihr morgens zu wiegen. Das ist ganz gut so, denn so habe ich schon einen groben Überblick und weiß, ob ich was an meinem Essverhalten ändern muss.
So stehe ich also auf, mache mich fertig und gehe schnell zu ihr hinüber.
„Guten Morgen Lea. Ich benütze nur schnell deine Waage.“
„Klar, mach das.“

Oh shit. Das kann doch nicht sein? Wieso habe ich in den 3 Tagen so viel abgenommen? Ein ganzes Kilo. Ich dachte, ich hätte ausreichend gegessen!? Ja, ich hatte immer wieder noch Hunger, aber dass es so ein extremer Abfall ist, hätte ich nie im Leben gedacht.

„Wow, doch um einiges weniger. Das schockiert mich ein bisschen. Warum glaube ich nur immer, dass ich zu Hause weniger brauche als in der Klinik. Dabei ist es doch eigentlich logisch, dass ich daheim mehr bräuchte, da ich mich ja auch ganz anders bewege.“
„Lass dich jetzt nicht unterkriegen. Du hast es sehr gut gemacht, weißt aber jetzt, dass du definitiv mehr benötigst. Die erste Woche ist nicht leicht. Also lass den Kopf nicht hängen, ändere das, was notwendig ist und lass dir dein Frühstück jetzt schmecken.“
„Danke für deine motivierenden Worte, Lea.“

Etwas geknickt gehe ich in meine Wohnung zurück. Ich versuche mich nicht unterkriegen zu lassen und der Essstörung die Macht zu überlassen, nehme mir zwei Semmeln, Butter, Marmelade und ein Fruchtjoghurt und lasse mir das Frühstück schmecken.

Jeder Anfang ist schwer. So auch dieser neue, klinikfreie Weg. Nachdem ich aber die zunächst aufgekommenen Schwierigkeiten gut überwunden habe, mich stets wieder motiviert, herausgefordert und Essensmengen, sowie die Auswahl der Lebensmittel gesteigert habe, funktioniert die Gewichtszunahme prima.
„Hey Lea. Wie geht's dir? Ich bin froh, jetzt endlich im Bus nach Hause zu sitzen. War doch ein ziemlich intensiver Vormittag heute."
„Das glaube ich dir. Wann bist du denn zu Hause?"
„Um kurz nach 11:00 Uhr."
„Was hältst du davon, wenn ich uns was koche, und du kommst zum Mittagessen zu mir? Ich würde Nudeln mit Ei und Käse und einem Salat machen."

Nein, nicht Nudeln – die machen mir immer noch Angst. Ich will weglaufen. NEIN! HALT! STOPP!, Ines! Gerade jetzt am Anfang, wo es schwer ist, bleibst du dran! Du läufst nicht davon. Du stellst dich deinen Ängsten!

„Okay. Gerne. Eigentlich bin ich auch schon hungrig. Und ehrlich gesagt habe ich mir in der Klinik immer einmal gewünscht, dass auch ich es schaffe, einmal nach Hause zu einem gedeckten Tisch zu kommen und einfach nur das zu essen, was gekocht wurde."
11:10 Uhr. Ich steige auch dem Bus aus.

Jetzt bin ich gleich zu Hause. Dann essen wir ja schon um halb zwölf Uhr zu Mittag. Das ist ja früher als in der Klinik. Ich könnte noch eine Runde spazieren gehen und

sagen, der Bus hätte Verspätung gehabt. NEIN! HALT!
STOPP! Du fängst jetzt nicht wieder mit der Lügerei an.
Wenn du in dich hineinhörst, verspürst du bereits großen
Hunger. Egal, welche Uhrzeit wir haben. Wenn der
Körper Nahrung braucht, dann hat er sie verdient. Und
auch wenn du dich am Vormittag körperlich nicht
ausgepowert hast, hast du heute bereits sehr viel geistige
Arbeit geleistet. Das kostet gleichermaßen Energie! Also,
ab zu Lea!

„Hey Lea. Danke, dass du so gut gekocht hast. Ich freue
mich auf das Essen und bin richtig hungrig."
„Gerne. Setzt dich, lass dich bedienen."

So habe ich heute wieder eine zuhause aufkommende
Schwierigkeit gut gemeistert und bin als Siegerin
hervorgegangen. Richtig schön.

Sonntagmorgen. Heute Nacht habe ich nicht sonderlich
gut geschlafen. Ich weiß aber auch nicht so ganz warum.
Zu viele Gedanken? Zu wenig am Vortag gemacht?
Warum schlafe ich nur schon wieder immer öfter nicht
ausreichend? Innerlich getrieben stehe ich auf und
versuche mich ein bisschen zu entspannen.

Sollte ich eine Runde spazieren gehen, um mich zu
entspannen?

Ist es das Weniger an Bewegung, was ich zu Hause
mache, was mich innerlich stresst? Ich weiß es nicht.
Aber Nein! Spazieren gehen vor dem Frühstück fange ich
mir erst gar nicht an! Zu groß ist die Gefahr, dass es
dann zur Routine wird, mir meine Mahlzeiten erst nach
körperlicher Betätigung zu erlauben.
Ich versuche mich mit etwas Häkeln abzulenken, ehe ich
mich zum Frühstück setze.

Einsparen? Nein, diese Gedanken kommen zum Glück nicht auf.

So, jetzt ist es erst 8:00 Uhr. Was mache ich den ganzen Tag nur? Sonntag. Kein Geschäft hat offen. Ich kann nichts machen; nirgendwo hinfahren. Langeweile! Hilfe! Angst! Panik!

Soll ich mich in den Garten setzen und das schöne Wetter genießen? Kann ich den ganzen Tag über nur „faul" rumsitzen und trotzdem normal essen? Darf ich das? Es gibt zwei Möglichkeiten; 1. Ich verfette und sterbe vor Faulheit oder aber 2. Ich sterbe vor Langeweile. So, nun kenne ich meine heutigen Chancen, den Tag zu überleben. Also kann ich mich eigentlich völlig entspannt auf die Challenge einlassen.

Etwas unruhig mache ich mich demnach am Vormittag auf den Weg ins Grüne, lege mich an den See und wage das Experiment „Genuss". Lea kommt auch mit. Gemeinsam verbringen wir den ganzen Tag zusammen in der Wiese liegend, spielend, plaudernd, essend und sonnend. Am Abend machen wir uns auf den Weg zurück nach Hause.
„Irgendwie ist das heute eine ganz neue Erfahrung für mich gewesen, Lea. Als ich heute Morgen aufgestanden bin, habe ich nicht gedacht, dass sich der Tag sich als so positiv und angenehm gestaltet. Um ehrlich zu sein, hatte ich zwei Möglichkeiten, wie der Tag enden wird im Kopf. Diese dritte Variante, nämlich, dass ich voller Freude, Ausgeglichenheit und Zufriedenheit vom „Nichts-tun" nach Hause gehe, habe ich gar nicht in Betracht gezogen. Irgendwie seltsam, dass ich dieses Schwarz-Weiß-Denken noch immer so stark habe. Aber wahrscheinlich bekomme ich das nur weg, wenn ich mich stets aufs Neue auf solche ungewissen Experimente einlasse."

„Ich finde du hast das heute richtig gut gemacht. Ich habe gemerkt, dass du immer wieder mit dem „nichts-produktives machen" gehadert hast, aber du hast es geschafft, dem aufkommenden Druck nicht nachzugeben. Und, jetzt im Nachhinein betrachtet: war's so schlimm?"

„Nein, um ehrlich zu sein war es sogar richtig schön. Können wir gerne öfter wiederholen."

So betrete ich zufriedener und ausgeglichener meine Wohnung, als ich sie verlassen habe.

Mitte Mai. Ich fahre mit Papa für ein paar Tage nach Budapest. Ich freue mich, mit mehr Kraft und Freude, die mir schon bekannte Stadt erneut zu besichtigen.

Nachdem wir nach der Ankunft am Abend unser Hotel bezogen haben, machen wir uns noch auf den Weg in die Stadt, um eine Kleinigkeit zu essen.

„Viel brauche ich nicht mehr Papa. Heute Mittag gab es doch das Wiener Schnitzel. Eine Wurstsemmel oder etwas dergleichen genügt mir."

„Schauen wir mal, was wir finden. Ich fände es schon nett, wenn wir uns in ein Lokal setzen. Außerdem hat es gerade stark geregnet, wodurch wir keine trockene Bank im Freien finden werden."

Um wegen der Angst und der Überforderung nicht Missstimmung zu verbreiten, willige ich ein. Im Prinzip ist es mir auch lieber, drinnen und nicht im Nassen zu sitzen.

So begeben wir uns in ein typisch ungarisches Restaurant, welches eine Vielzahl an Strudeln anbietet.

Oh Gott! So viel Auswahl! Heute Mittag gab es doch schon etwas Paniertes. Soll ich tatsächlich wieder so viel essen?

„Ich nehme ein Rote Bete Carpaccio mit Zucchinichips."

Hilfe! Die Chips sind wirklich frittiert. Aber irgendwie auch lecker. Gut, die Portion ist nicht sonderlich groß. Wenigstens etwas.

„Ich nehme mir noch eine Nachspeise. Wenn du magst, kannst du mitessen."

Gedankenchaos! Eigentlich möchte ich eine eigene Nachspeise haben, aber die Stimme ist so laut, es wäre zu viel. NEIN! HALT! STOPP! Auch wenn du heute schon eine etwas größere Portion zu Mittag gegessen hast und viele Stunden sitzend im Auto verbracht hast, hast du es verdient, dich ausreichend zu ernähren! Nimm, worauf du Lust hast. Kasteit hast du dich lange genug! Das Leben bietet so viel mehr als Verzicht und Reduktion auf das Minimum.

„Ich nehme einen Apfelstrudel."
„Super! Richtig cool, Ines!"
„Danke Papa! Ich möchte mich weiter den aufkommenden Ängsten stellen und nicht kurzfristig dann vor lauter Angst und Panik in alte Muster verfallen."
„Das sehe ich. Heute Abend hast du es wirklich gut gemacht!"

Zufrieden und stolz verlasse ich mit Papa das Lokal. Auch wenn es etwas schwer war und destruktive Gedanken aufkamen, habe ich es geschafft, nach MEINEM Willen zu handeln und habe mich nicht dirigieren lassen!

Das Frühstück nächsten Morgen stellt die nächste Herausforderung für mich da.

Warum kann es denn nicht normal große Semmeln geben? Warum muss das Joghurt in kleine Gläser abgefüllt sein?
Ja, es ist vornehmer, wenn Schurgebäck beziehungsweise vorportioniertes Joghurt serviert wird. Nur für die Essstörung ist es das gefundene Fressen.
Eine Semmel und ein Glas Joghurt. Nein! Zu wenig! Also noch eine Scheibe Brot, Butter, Wurst und Cornflakes ins Joghurt. So müsste es passen.

Ich setzte mich zum Tisch und lasse es mir schmecken.
Etwas unsicher bezüglich der Menge, gehe ich anschließend auf mein Zimmer.

NEIN! HALT! STOPP! Du bescheißt dich nicht schon wieder selber. Das kleine Glas Joghurt, welches nicht einmal bis oben vollgefüllt war, war definitiv zu wenig; daher resultiert auch die Unsicherheit! Also; du weißt genau, was du zu tun hast!

Etwas verwundert schaut mich Papa an, der noch beim Frühstück sitzt, als ich erneut komme.
„Diese kleine Joghurt war zu wenig, daher möchte ich mir ein zweites mit Müsli nehmen."
„Super cool! Schön, dass du es selbst bemerkt hast.
So, und nach dem Essen geht's dann wohlverdient auf Sightseeing-Tour."

So enden die zwei Tage mehr als positiv für mich. Trotz der immer wieder aufkommenden Hindernisse habe ich es geschafft, die kranke Stimme zu ignorieren und den gesunden Anteil zu stärken.

Heute ist ein Tag, an dem es mir superschwer fällt, ein normales Essverhalten zu praktizieren.

Warum heute? Was ist über Nacht passiert? Wieso muss es so schwierige Tage geben? Kann es nicht einfach so einfach und unkompliziert sein wie gestern?

Das Frühstück klappt noch so einigermaßen gut. Nur was mache ich mir heute zum Mittagessen?

Ich habe keine Lust auf irgendetwas. Ja, ich weiß, ich muss was essen. Ich kann und will nicht wieder in alte Verhaltensmuster fallen und einfach eine Mahlzeit ausfallen lassen, nur weil ich mich gerade nicht so danach fühle.

So nehme ich mir vier Scheiben Brot, Butter, Marmelade, Wurst und einen Pudding und ein kleines Stück Striezel zum Nachtisch.

Sehr komisches Mittagessen. War das jetzt von der Menge okay?

Ich weiß es nicht. Versuche mich mit Häkeln und Puzzle bauen abzulenken.
Das Abendessen klappt, nicht weiter verwunderlich, wieder sehr gut. Abends fällt es mir nach wie vor am leichtesten. Auch die Snacks vor dem Fernseher kann ich mir gut schmecken lassen.

Tja, ich weiß, dass es immer wieder noch so Tage geben wird, an denen ich einfallslos, unkreativ, lustlos und ein wenig überfordert mit der Nahrungsaufnahme bin. Das Wichtigste an genau diesen Tagen ist es aber, dass ich dem Gefühl nicht nachgehe, sondern aktiv dagegen steuere. Und wenn ich einmal keine warme Mahlzeit habe, geht die Welt nicht unter! Hauptsache ausreichend Nahrung! Das zählt.

Es kann nicht jeden Tag perfekt ablaufen. Das ist im normalen Leben auch so, versuche ich mich zu beruhigen. Zumindest habe ich es heute geschafft, mir den Pudding selbst zu kochen und ihn nicht nur aus dem Kühlregal zu nehmen.

In der Hoffnung, dass es morgen besser ablaufen wird, gehe ich etwas geknickt, aber dennoch optimistisch ins Bett.

Die nächsten Tage gestalten sich wieder einfacher. Das Essen funktioniert problemlos, ich schaffe es, mir jede Mahlzeit schmecken zu lassen und kann untertags immer öfter Snacks einzubauen, ohne länger darüber nachzudenken, ob es nun zu viel beziehungsweise notwendig ist, oder nicht.
Auch die Gewichtszunahme klappt, was mich sehr freut. Endlich geht es bergauf!

Einen riesengroßen Erfolg habe ich für mich am 23. Mai erzielt. Bis zu diesem Tag habe ich mir mittags entweder ein Fertiggericht gekauft oder war zum Essen eingeladen. An diesem Donnerstag habe ich allerdings beschlossen, mir selbst etwas Warmes zuzubereiten.

Ich habe heute Lust auf Gemüsereis mit Feta. Dieses Gericht habe ich auch schon in der Lehrküche gekocht, also werde ich es wohl auch zu Hause hinbekommen.
Gemüse schneiden, 100g Reis abwiegen, Feta zerbröseln.
Gemüse in einem Esslöffel Öl anbraten.

Das kann ich bestimmt auch ohne Öl machen, die Pfanne ist beschichtet, da bleibt nichts kleben. NEIN! HALT! STOPP! Du fängst bestimmt nicht wieder an

einzusparen, nur weil du nicht unter Aufsicht kochst!
Nimm die Zutaten so, wie sie angegeben sind.

Demnach brate ich das Gemüse in Öl an und schaffe es auch, den Reis in der angegeben Menge zu kochen.
Das ganze Gericht runde ich mit einem Salat aus dem eigenen Garten ab, den ich auch, zu meiner großen Zufriedenheit, mit Essig UND Öl mariniere.
Glücklich setze ich mich zum Tisch und lasse mir mein erstes, mir selbst gekochtes Mittagessen schmecken.

Irgendwie war das gar nicht so schwer und schmeckt weit besser, als ständig diese Fertiggerichte zu essen. Außerdem geht das ganz schön ins Geld und gesünder ist es auch, sich selbst etwas zu kochen. Cool! Heute habe ich echt einen sehr großen Schritt geschafft!

Nach diesem Erfolg gehe ich eine kleine Runde spazieren und setze mich zufrieden und ausgeglichen an den See.

Natürlich sind vereinzelt Tage dabei, an denen ich stark mit beziehungsweise gegen destruktive Gedanken kämpfe. Ich schaffe es dennoch, sie stets vom Essen zu trennen; sie hier sein zu lassen, sie nicht zu bewerten, aber ihnen auch nicht die Überhand zu geben. Ich lasse sie einfach so stehen und handle nicht nach ihnen.

Die Schwierigkeiten habe ich zu Hause überwunden; diese Hürden gemeistert:
- Ich wiege einzelne Lebensmittel nicht mehr ab
- Ich kann einen Einkauf in 10 Minuten erledigen und verbringe keine Stunden mehr im Supermarkt
- Ich kann für mich selbst kochen
- Ich kann Marmelade im Glas kaufen und diese in ausreichender Menge auf mein Brot schmieren; ich brauche keine Portionspäckchen mehr
- Ich kann mir Eis in der Box kaufen und habe keine Angst, dass ich zu viel davon essen könnte (und selbst wenn es mehr als 2 Kugeln wären, würde sich die Welt dennoch weiterdrehen)
- Ich kann Ruhe genießen und muss nicht ständig in Bewegung sein
- Ich kann das Kalorienzählen zum großen Teil lassen, zumindest irritiert mich die Zahl am Ende des Tages nicht mehr
- Ich kann mir verbotene Lebensmittel nach wie vor gut integrieren und sie mir schmecken lassen
- Das Leben dreht sich nicht mehr ums Essen; das Essen ist ein Teil von meinem Leben geworden
- Ich kann wieder Freude, Ärger, Wut, Trauer empfinden
- Ich bin wieder präsent

Mitte Juli mache ich mit meiner Freundin, Wegbegleiterin und große Hilfe, Flora Urlaub am Bodensee. Gemeinsam verbringen wir zwei ehemals essgestörte, jetzt angehend „geheilte Anorexie-Patientinnen" ein paar schöne Tage und genießen die gemeinsame Zeit in vollen Zügen. Hier wird es noch einmal mehr verdeutlicht, wie toll es sein kann, nicht ständig über Kalorien und Kilometer nachdenken zu müssen und wie freier und entspannter das Leben sein kann.

Mit deutlich mehr Kraft und Energie und mehr Freude, einem Lebenswillen, beginne ich mit großer Freude Anfang September zu arbeiten.

Mein neues Leben gebe ich nicht mehr her. Denn eines habe ich die letzten Monate verstanden; entweder ganz oder gar nicht. Ein BISSCHEN essgestört kann man nicht sein.

Die Essstörung, sie hält dich gefangen in ihrem Bann.
Du bist so machtlos, es ist ein Zwang.
Die scheinbar wahre Freundin, der einzige Mensch der
dich versteht-
immer treu an deiner Seite,
niemals von dir geht.

Sie gaukelt dir die heile Welt vor, die pure Freude, ja
gleich die ganze Freiheit.
Doch so ganz ohne Verdienst bekommst du das nicht; es
ist harte Arbeit!

Ein bisschen weniger von dem was dich nährt, ist gleich
ein bisschen mehr von dem was dich ehrt.
Anerkennung, Stolz und Lob- für all das gilt es zu
wahren das oberste Gebot:
Verzicht und Aktivität;
das ist es, war sie dir rät!
Fange an und folge, es ist nie zu spät!

Willst du sie weiterhin als deinen besten Freund, der für
dich da ist, und mit dir träumt?-
Träumt vom perfekten Leben, der heilen Welt, der
Utopie-
Dann noch einmal; folge ihrer Regie.
Sei ihre Marionette und gehorche ihr;
nur dann gehört sie alleinig DIR!

Doch halt: gehorchst du ihr nur einmal nicht: dann
erwartet dich die harte Pflicht!

Es ist nie genug und immer zu wenig;
gleichzeitig zu viel und übermäßig.

Du hast wieder versagt und ihr Vertrauen ein Stück weit
verjagt.

STOPP: genau hier hast du es geschafft;
Du hast dir zurückerobert ein bisschen Kraft!
Mach weiter so und gehorche nicht;
Vergiss die Qualen und auch die harte Pflicht!
Das wahre Leben, der wahrer Genuss- das ist eindeutig
besser als der goldene Schuss!

Steh auf, steh für dich ein!
Alleine du kannst es schaffen, nicht mehr ihr Untertan zu
sein!
Das wahre Leben ist schön und fernab von jeglicher
Qual!
Alles andere zu glauben wäre fatal!

Der Weg ist nicht leicht, doch fange heute an! Du wirst
sehen, es lohnt sich und ist schaffbar- für jedermann!

Ich habe es geschafft, denn ich bin frei;
Mein morgendlicher Weg ist in die Bäckerei!
Ich esse und genieße, und schaue es nicht nur an!
Ich gebe meinem Körper was er verdient, ganz ohne
Zwang!
Ja, oft ist es schwer die Stimme zu ignorieren, doch der
Widerstand lohnt- denn es ist so schön, für sich selbst zu
agieren!
Ich muss mich nicht mehr isolieren, nicht mehr frieren,
ja - ich muss nicht krepieren!
Im Gegenteil: Ich kann aufstehen und mir selbst
applaudieren!

Was ich jetzt habe, ist Kraft, Power und Energie!
Das nimmt mir keiner mehr- NIE!